Die Zeitung als Forschungsobjekt:

fachgeschichtliche Entwicklungslinien und aktuelle Perspektiven

KLARTEXT

Annika Keute

Die Zeitung als Forschungsobjekt: fachgeschichtliche Entwicklungslinien und aktuelle Perspektiven

Ein Forschungsbericht

Erarbeitet und publiziert mit Unterstützung der Stiftervereinigung der Presse e. V. und der Stiftung Presse-Haus NRZ

Umschlagabbildung: Adobe Stock / Aleksey 159

Bibliografische Information der Deutschen Nationalbibliothek
Die Deutsche Nationalbibliothek verzeichnet diese Publikation in der Deutschen Nationalbibliografie; detaillierte bibliografische Daten sind im Internet über http://portal.dnb.de abrufbar.

1. Auflage August 2024

Umschlaggestaltung: Volker Pecher, Essen
Satz und Gestaltung: Karen Peter, Berlin

Druck und Bindung: Druckerei Totem, ul. Jacewska 89, 88-100 Inowrocław, Poland

ISBN 978-3-8375-2683-7

KLARTEXT

Jakob Funke Medien Beteiligungs GmbH & Co. KG
Jakob-Funke-Platz 1, 45127 Essen
info.klartext@funkemedien.de
www.klartext-verlag.de

Inhalt

1. Zusammenfassung

Dieser Forschungsbericht[1] präsentiert die Ergebnisse des Forschungsprojektes „Die Zeitung in der Forschung – Status quo der ‚Zeitungsforschung' und fachgeschichtliche Entwicklungslinien seit 1945", welches von der Stiftervereinigung der Presse e. V. und der Stiftung Presse-Haus NRZ gefördert und am Institut für Zeitungsforschung in Dortmund durchgeführt wurde. Das Ziel des Projekts war eine Bestandsaufnahme der wissenschaftlichen Institutionen in Deutschland, an denen gegenwärtig Zeitungsforschung betrieben wird, sowie die Skizzierung der fachgeschichtlichen Entwicklungslinien, die zu diesem Status quo geführt haben. Ein Verzeichnis der Institutionen und Projekte zur Zeitungsforschung ist Bestandteil dieses Forschungsberichts.[2]

Die Befunde zeigen:

- Das Institut für Zeitungsforschung in Dortmund ist gegenwärtig das einzige Institut in Deutschland, an welchem die Erforschung von Printmedien und deren Geschichte im Zentrum der Forschungsaktivitäten steht.
- Innerhalb der Kommunikationswissenschaft – der Nachfolgedisziplin der ehemaligen Zeitungswissenschaft – ist insbesondere seit der empirisch-sozialwissenschaftlichen Wende des Fachs eine abnehmende Relevanz der pressehistorischen und -systematischen Analyse von Zeitungen zu verzeichnen (Löblich, 2010b). Diese Entwicklung steht jedoch im Kontrast zur weiterhin herausragenden Bedeutung der aktuellen Presse als essenzielle Forschungsquelle für die Kommunikationswissenschaft.

---

1 Teile dieses Forschungsberichts wurden bereits veröffentlicht in Keute (2023b).

2 Siehe unten S. 65–90. Online ist das Verzeichnis auf der Homepage der Stiftervereinigung abrufbar: https://stiftervereinigung.de/wp-content/uploads/2023/03/Institutionen-und-Projekte-der-Zeitungsforschung_Keute-2023-1.pdf (Stand 2023; Keute 2023a).

- Während die Kommunikations- und Mediengeschichte innerhalb der Kommunikationswissenschaft an Relevanz verloren hat, hat sich die Mediengeschichte vor allem seit den 1990er Jahren zu einem fruchtbaren Forschungsfeld innerhalb der Geschichtswissenschaft entwickelt (Bösch, 2019).
- Die Geschichtswissenschaft hat ihre ablehnende Haltung gegenüber publizistischen Quellen abgelegt, was eine Aufwertung der Zeitung als Quellenmaterial vor allem für kultur- und sozialgeschichtliche Fragestellungen nach sich gezogen hat (Bösch, 2019).

2. Einleitung und Begriffsdefinitionen

Als der Bundesverband Digitalpublisher und Zeitungsverleger (BDZV) mit der Frage, an welchen akademischen Institutionen, in welchen Disziplinen und mit welchen Schwerpunkten in Deutschland gegenwärtig zum Medium Zeitung geforscht wird, an das Institut für Zeitungsforschung in Dortmund und seinen Förderverein herangetreten ist, wurde schnell deutlich, dass diese Frage keinesfalls eindimensional beantwortet werden kann, da der aktuelle Stand der Zeitungsforschung in Deutschland nur vor dem Hintergrund fachgeschichtlicher Entwicklungslinien nachvollzogen werden kann. Aus den Gesprächen entwickelte sich schließlich das von der Stiftervereinigung der Presse e. V. und der Stiftung Presse-Haus NRZ geförderte Forschungsprojekt „Die Zeitung in der Forschung – Status quo der ‚Zeitungsforschung' und fachgeschichtliche Entwicklungslinien seit 1945", welches von März 2022 bis einschließlich Juni 2023 am Institut für Zeitungsforschung durchgeführt wurde. Das Projekt verfolgte demnach zwei zentrale Ziele:

1. Eine Bestandsaufnahme der wissenschaftlichen Institutionen, an denen in Deutschland aktuell Zeitungsforschung stattfindet.
2. Die Aufarbeitung der engeren Fachgeschichte der ehemaligen Zeitungswissenschaft seit 1945.

Unter dem Begriff Zeitungsforschung sind, wie Jürgen Wilke (2000, S. 231) herausstellt, alle Forschungsarbeiten zu fassen, „die irgendeinen Bezug zu jenen Druckwerken haben, welche durch die Merkmale Aktualität (Neuigkeitsbezug), Periodizität (regelmäßiges Erscheinen), Universalität (thematische Vielfalt) und Publizität (allgemeine Zugänglichkeit) gekennzeichnet sind". Medien im Allgemeinen und Zeitungen im Speziellen sind durch einen „doppelten Charakter" (Tschopp, 2015) gekennzeichnet: Sie können sowohl Quelle als auch Forschungsgegenstand sein. Es ist folglich zu unterscheiden zwischen Forschungsarbeiten, die sich ganz explizit auf das Medium Zeitung beziehen, um die jeweiligen Spezifika zu untersuchen, und Forschungsarbeiten, die Zeitungen als Quellen nutzen, um gesellschaftliche und kommunikative Fragestellungen zu beleuchten (Wilke, 2000). Im hier vorgestellten Forschungsprojekt liegt der Schwerpunkt auf dem Medium Zeitung als Forschungsgegenstand. Es ist jedoch hervorzuheben, dass „eine distinkte Unterscheidung zwischen Studien, in denen Medien allein als Quelle dienen, und Studien, in denen sie darüber hinaus den hauptsächlichen Charakter der Analyse bilden" durchaus problematisch sein kann, sodass der „doppelte Charakter" (Tschopp, 2015) nicht gänzlich ausgeblendet werden kann.

Medien und Zeitungen werden in verschiedenen Forschungsdisziplinen als Forschungsgegenstand und/oder Quelle herangezogen. In Deutschland beschäftigen sich vor allem die Kommunikationswissenschaft, die Medien- sowie die Geschichtswissenschaft mit Medien und ihrer Geschichte. Obschon innerhalb dieser Disziplinen neben unterschiedlichen Forschungsansätzen auch unterschiedliche Medienbegriffe verwendet werden, können diese Disziplinen nicht losgelöst voneinander betrachtet werden; vielmehr beeinflussen sie sich und ihre Forschungsmethoden und -gegenstände gegenseitig. Um sowohl die Entwicklungslinien der Zeitungswissenschaft nachzeichnen als auch die gegenwärtige Forschungslandschaft erfassen zu können, müssen also alle Disziplinen, die sich mit dem Gegenstand Zeitung beschäftigen, und ihre jeweils zugrundeliegenden Forschungslogiken einbezogen werden. Aus diesem Grund wird im Folgenden ein Überblick über die Medienbegriffe der Kommunikations-, Medien- sowie Geschichtswissenschaft gegeben.

In der Kommunikationswissenschaft dominiert ein, verglichen mit der Medien- und der Geschichtswissenschaft, relativ enger Medienbegriff, der für lange Zeit in Anlehnung an die amerikanische Kommunikationsforschung die traditionellen Massenmedien Fernsehen, Radio und Printmedien wie Zeitungen und Zeitschriften umfasste und Medien durch die Trias von Technik, Funktion und Organisation definierte (Pürer, 2014). Technische Aspekte wurden dabei als die fundamentale Basis zur Ermöglichung öffentlicher Medienkommunikation angesehen (Altmeppen, 2000; Altmeppen et al., 2023). Hierdurch tritt das Verständnis einer Zeit hervor, in der Medien primär als Vermittler von Massenkommunikation angesehen wurden. Bedingt durch die Ausdifferenzierung des Mediensystems und das Aufkommen neuer Kommunikationstechnologien wurde der Medienbegriff innerhalb der Kommunikationswissenschaft erweitert, sodass inzwischen in „exorbitant zunehmendem Maße" (Pürer, 2014, S. 17) multimediale und computervermittelte Kommunikation ins Zentrum des Fachinteresses gerückt ist. Diese Entwicklung reflektiert die dynamische Natur des Mediensystems und dessen Einfluss auf die theoretische Rahmung von Medien innerhalb des wissenschaftlichen Diskurses, wodurch eine kontinuierliche Anpassung und Reflexion des Medienbegriffs erforderlich wird.

Davon zu unterscheiden ist die Medienwissenschaft, die aus den Literaturwissenschaften, der europäischen Ethnologie, den Theaterwissenschaften und anderen geisteswissenschaftlichen Fächern entstanden ist und sich damit in „markanter Abgrenzung" (Bösch, 2019, S. 11) zur empirisch-sozialwissenschaftlichen Kommunikationswissenschaft vor allem als eine Text- und Kulturwissenschaft versteht. Die Forschungsschwerpunkte dieser Disziplin liegen vor allem auf den fiktionalen und unterhaltenden Elementen von Film und Fernsehen, Rundfunk sowie Internet und damit weniger auf journalistischen Medieninhalten, sodass die Zeitung als Forschungsgegenstand in der Medienwissenschaft allenfalls eine untergeordnete Rolle spielt (Hickethier, 2010). Im Fachdiskurs der Medienwissenschaft dominiert ein im Vergleich zur Kommunikationswissenschaft deutlich erweiterter Medienbegriff, dessen präzise Konzeptionalisierung innerhalb des Fachs durchaus kontrovers diskutiert wird. Der Medientheoretiker Marshall McLuhan beispielsweise betrachtete Medien als eine Form der Externalisierung und Erweiterung menschlicher Sinnesapparate, wobei der von ihm geprägte Medienbegriff nicht ausschließlich konventionelle Kommunikationsmittel subsumiert, sondern auch Geld, Straßen, Licht, Steine, Kleidung und Eisenbahnen inkludiert (McLuhan, 2010).

Alternativ dazu definieren weniger materialistisch orientierte Ansätze Medien als sämtliche gegenwärtige und historische Manifestationen von Kommunikation in allen Formen schriftlicher und bildlicher Repräsentationen (Spangenberg, 2002). Diese Auffassung akzentuiert die Diversität kommunikativer Ausdrucksformen und deren essenzielle Funktion in der Konstruktion kultureller und gesellschaftlicher Realitäten.

Während der enge Medienbegriff der Kommunikationswissenschaft vor allem von Medienwissenschaftler:innen als „Minimaldefinition[]“ und „terminologische tabula rasa“ (Hoffmann, 2014, S. 13) kritisiert wird, mahnen auf der anderen Seite Kommunikationswissenschaftler:innen, dass ein „Medienbegriff, der Denkmäler und Tageszeitungen auf eine Stufe stellt, [...] das Wissen um Medienwirkungen und die Logiken von Massenmedien und Journalismus“ (Löblich & Venema, 2018, S. 23) vernachlässige.

Die Geschichtswissenschaft positioniert sich hinsichtlich des dominierenden Medienbegriffs konzeptuell zwischen der Medien- und der Kommunikationswissenschaft. Im Bereich der Zeitgeschichte findet oft ein enger, technisch orientierter Medienbegriff Anwendung, der in seiner Ausrichtung dem Medienbegriff der Kommunikationswissenschaft ähnelt und primär Massenmedien fokussiert. Studien, die sich mit historischen Epochen wie dem Mittelalter oder der Frühen Neuzeit auseinandersetzen (u. a. Faulstich, 1997; Würgler, 2009), nehmen hingegen nicht nur publizistische Medien in den Blick, sondern untersuchen auch symbolische Kommunikationsmittel und die dadurch generierten performativen Wahrnehmungen und Bedeutungen (Bösch, 2018a; Stollberg-Rilinger et al., 2013). Aus Perspektive einer kulturwissenschaftlich orientierten Geschichtswissenschaft können Medien „als Artefakte beschrieben werden, deren Zweck es ist, Kommunikation zu ermöglichen" (Crivellari & Sandl, 2003, S. 633).

3. Fachgeschichtliche Perspektiven

Viele fachgeschichtliche Ansatzpunkte fokussieren entweder die Biografien einzelner Forscher:innen, ideengeschichtliche Entwicklungspfade oder wissenschaftliche Organisationen und Institutionen. Alle Ansätze laufen Gefahr, durch die spezifische Perspektive blinde Flecken entstehen zu lassen, sodass Löblich & Scheu (2011) vorschlagen, diese drei Ansätze zu integrieren: Da sich personenzentrierte Ansätze vor allem auf die soziale Konstruktion von Wissenschaft unter Berücksichtigung von biografischen und wissenschaftsexternen Faktoren konzentrieren, könnte eine zu starke Fokussierung auf die Rolle Einzelner zu Verzerrungen führen. Ausgangspunkt ideengeschichtlicher Zugänge sind die methodischen, theoretischen sowie kognitiven Entwicklungen einer Disziplin. Ein Irrtum wäre es, wissenschaftlichen Wandel und wissenschaftliche Entwicklungen gewissermaßen als zwangsläufige Prozesse zu deuten, ohne die Einflüsse externer Faktoren zu berücksichtigen (Birkner & Scheu, 2019).

Die historische Entwicklung der Zeitungswissenschaft hin zur empirisch-sozialwissenschaftlichen Kommunikationswissenschaft wurde bereits aus diversen Perspektiven beleuchtet. Insbesondere das 100. Jubiläum des Fachs in Deutschland (Beiler & Bigl, 2017b; Birkner & Schwarzenegger, 2016) hat dazu geführt, dass „Fachgeschichte [...] derzeit in der Kommunikationswissenschaft Konjunktur" hat (Birkner &

Scheu, 2019, S. 57), sodass in der jüngeren Vergangenheit mehrere Studien zur Fachgeschichte der Kommunikationswissenschaft und ihren Vorgängern, der Publizistik- und der Zeitungswissenschaft, entstanden sind. Die fachgeschichtlichen Perspektiven umfassen sowohl spezifische Untersuchungen zu einzelnen Instituten (Benedikt, 1986; Birkner & Scheu, 2019; Koenen, 2016b; Meyen & Löblich, 2004a; Straetz, 1986) sowie zu Forscher:innen und Studierendenbewegungen (Koenen, 2005; Kutsch & Pöttker, 1997a; Löblich & Venema, 2020; Meyen, 2007, 2019; Meyen & Löblich, 2007; Stöber, 2002; vom Bruch & Roegele, 1986) als auch umfassende Betrachtungen zur Gesamtentwicklung der Disziplin und ihrer methodischen und theoretischen Grundlagen (Averbeck, 2001; Averbeck & Kutsch, 2002; Bohrmann, 2002, 2010; Löblich, 2010b; Meyen & Löblich, 2006; Pürer, 2002, 2017).

Für dieses Projekt wurde eine im Schwerpunkt institutionelle Fokussierung gewählt, was vor allem im angefügten Verzeichnis über die Institutionen und Projekte zur Zeitungsforschung deutlich wird. Um die fachgeschichtlichen Entwicklungslinien in ihren sozialen, strukturellen, institutionellen und intellektuellen Dimensionen umfassend darzustellen, wurde dieser Ansatz zusätzlich um biografische und ideengeschichtliche Aspekte erweitert (Keute, 2023b; Löblich & Scheu, 2011; Nordenstreng, 2008).

4. Exkurs: Wissenschaftlicher Wandel als Revolution

Ein viel diskutierter Ansatz zur Erklärung wissenschaftlicher Wandlungsprozesse, die keinesfalls als lineare Prozesse zu verstehen sind, bezieht sich auf Thomas S. Kuhn, dem bis heute eine Vorreiterrolle auf diesem Gebiet zugewiesen werden kann (Löblich, 2010b), und sein Werk *Die Struktur wissenschaftlicher Revolutionen* (1996). Gemäß Kuhn verlaufen wissenschaftliche Entwicklungen in verschiedenen Phasen (siehe hierzu Lauth & Sareiter, 2020). So folgt auf die Phase der ‚normalen Wissenschaft' die ‚Revolution', worauf dann wieder die

‚normale Wissenschaft' folgt. Die ‚normale Wissenschaft' ist als „Lösung von theoretischen und praktischen Problemen im Rahmen eines Paradigmas" (Lauth & Sareiter, 2020, S. 120) zu verstehen. Durch Anomalien, die bei der Auseinandersetzung mit etablierten Theorien, Regeln und Normen sowie bei der Anwendung von traditionellen Methoden des Faches auftreten, kann die ‚normale Wissenschaft' jedoch in eine Krise geraten, durch welche das zuvor etablierte Paradigma und dessen Problemlösungspotenzial hinterfragt wird. Dies führe in der Folge zur Etablierung eines neuen Paradigmas mit neuen Forschungsgegenständen, Regeln und neu formulierten Theorien; also zu einer Revision früherer Überzeugungen. Ähnlich wie bei politischen Revolutionen seien auch wissenschaftliche Revolutionen durch Polarisierungen zwischen Anhängern verschiedener Überzeugungen gekennzeichnet. Kuhn folgend sind Paradigmen aufgrund ihrer Inkommensurabilität jedoch nicht vergleichbar, da neue Begriffe und neue Theorien verwendet werden, welche in alten Paradigmen nicht vorkommen: „Jedes Paradigma verwendet eine eigene ‚Sprache', die nicht in die Sprache des jeweils anderen Paradigmas übersetzt werden kann" (Lauth & Sareiter, 2020, S. 124). Anhängern eines neuen Paradigmas, was vor allem junge Wissenschaftler:innen seien, müsse es gelingen, Forschende von diesem neuen Paradigma, den neuen Methoden, Theorien und Forschungsproblemen zu überzeugen, was jedoch mit massiven Widerständen verbunden sein kann. Schließlich führen weitreichende Neuerungen innerhalb einer Disziplin stets dazu, grundlegende Vorstellungen, Positionen und Normen zu reflektieren und zu re-definieren. Paradigmenwechsel seien in der Folge oft von Generationenwechseln abhängig, wenn „die Macht der etablierten Wissenschaftler nicht gebrochen werden kann" (Löblich, 2010b, S. 42). Im Folgenden ist zu untersuchen, ob und inwieweit solche ‚Revolutionen' in verschiedenen Disziplinen dazu geführt haben, dass sich der Blick des Faches auf die Zeitung als Forschungsgegenstand verändert hat.

5. Zeitungsforschung in der Kommunikationswissenschaft

Das institutionelle Fundament der Zeitungsforschung in Deutschland wurde mit der Etablierung der Zeitungskunde beziehungsweise der Zeitungswissenschaft in den 20er Jahren des 20. Jahrhunderts gelegt (vom Bruch & Roegele, 1986). Diese Disziplin, die in ihrer Anfangszeit als „entstehende[] akademische[] Spezialität" (Kutsch, 2010, S. 123) galt, wurde als primär historische Geisteswissenschaft gegründet, in deren Zentrum zunächst vor allem historische und definitorische Forschungsfragen standen (Löffelholz & Sarısakaloğlu, 2024; Wilke, 2000).

Das Fachverständnis dieser geisteswissenschaftlich orientierten Zeitungswissenschaft war überwiegend normativ unter Verwendung von philologischen und historischen Methoden (Averbeck & Kutsch, 2002; Löblich, 2010a). Dabei stand die Orientierung am Materialobjekt Zeitung stets im Zentrum. So betont Emil Dovifat, einer der Gründerväter der Disziplin in Deutschland (Pfeiffer, 2018): „Gegenstand der Zeitungswissenschaft ist die Zeitung, insbesondere die ihr innewohnende Wechselwirkung geistiger, wirtschaftlicher und technischer Kräfte" (Dovifat, 1931, S. 5). Dovifats Wissenschaftsverständnis war durch einen besonders normativen Charakter geprägt (Lacasa, 2009; Rothenberger & Auer, 2013). So erläutert Erik Koenen (2005, S. 42), „dass das Fach und seine Vertreter lediglich an einer historisch-monographischen Erforschung von Journalismus und Presse und keiner sozialwissenschaftlichen Untersuchung von Journalismus interessiert waren". Die Einschränkung auf die Zeitung als das „alleinige Objekt" (Everth, 1928, S. 1873) des Faches blieb bis zum Ende des Zweiten Weltkriegs bestehen. Die heutige Kommunikationswissenschaft hingegen, die in Deutschland als Nachfolgedisziplin der Zeitungswissenschaft gilt, muss sich bedingt durch die Ausdifferenzierung des Mediensystems mit vielfältigen Materialobjekten auseinandersetzen (Averbeck & Kutsch, 2002). Insbesondere zur kommunikationswissenschaftlichen Teildisziplin Journalistik beziehungsweise Journalismusforschung, welche in historischer Perspektive die „Keimzelle" (Hanitzsch & Engesser,

2014, S. 137) der Zeitungswissenschaft bildet, aus welcher sich später die heutige Kommunikationswissenschaft entwickelt hat, bestehen bis heute enge Verbindungslinien.

5.1 Der Status der ‚Zeitungswissenschaft' nach 1945: Von der Zeitungswissenschaft zur Publizistikwissenschaft

In der Zeit des Nationalsozialismus hatte die Relevanz des Faches Zeitungswissenschaft in Deutschland zugenommen. In der Folge war es zu einer starken Expansion des Faches (Bohrmann, 2002) gekommen, die unmittelbar mit einer radikalen ideologischen Überformung der Disziplin, einer Abkehr von sozialwissenschaftlichen Perspektiven aus der Zeit der Weimarer Republik und Bemühungen um politische Einflussnahme einhergingen (Averbeck, 2001; Birkner & Scheu, 2019; Koenen & Sanko, 2017; Löblich, 2010a). Das Ende des Krieges und damit das Jahr 1945 markieren als „personeller und institutioneller Wendepunkt" (Bohrmann, 2010) eine Zäsur in der Fachgeschichte der (ehemaligen) Zeitungswissenschaft und den Beginn einer tiefgreifenden Krise. Denn nach dem Ende des Krieges wurde die Zeitungs- beziehungsweise Publizistikwissenschaft in Westdeutschland zunächst nur an den Universitäten in Berlin, München und Münster reaktiviert, wobei auch diese Standorte immer wieder von Schließungen bedroht waren (Löblich, 2010a). In der sowjetischen Besatzungszone kam es in Leipzig zu einer Zentralisierung der Disziplin, die sich auch nach der Gründung der DDR bis 1989 fortsetzte. Die Entwicklungspfade des Faches unterschieden sich in West- und Ostdeutschland jedoch massiv voneinander (Bohrmann, 2010; Koenen, 2016c): In Leipzig kam es zunächst an zwei Instituten zu einem Neuaufbau der Disziplin unter einem neuen Namen: Am Institut für Publizistik der Wirtschafts- und Sozialwissenschaftlichen Fakultät sowie am Institut für Publizistik der Gesellschaftswissenschaftlichen Fakultät. Nach der von Seiten der Politik vorgegebenen Zusammenlegung dieser beiden Institute kam es zu einer vorübergehenden Rückkehr zum Namensbestanteil „Zeitungswissenschaft" in Form der Bezeichnung „Institut für Publizistik und Zeitungswissenschaft" und einer Schwerpunktsetzung im Bereich der historischen Presseforschung. Mit der Neugründung der Fakultät Journalistik 1954 kam es schließlich zur Etablierung der ,Sozialistischen Journalistik' (Budzislawski, 1966; Koenen, 2016a; Meyen, 2019).

In Westdeutschland wurde die Zeitungswissenschaft an den meisten Instituten nach 1945 ersatzlos gestrichen. Bedingt war dies zum einen – neben kriegsbedingten Zerstörungen, von denen jedoch auch andere Fächer betroffen waren – dadurch, dass die mitunter erhebliche finanzielle Unterstützung durch das Propagandaministerium über den Zeitungswissenschaftlichen Verband weggebrochen war, zum anderen jedoch auch dadurch, dass die Hochschulen von den Besatzungsmächten angehalten waren, ihr Personal genau zu überprüfen und Disziplinen und Akademiker:innen mit NS-Vergangenheit aus dem Lehrbetrieb zu entfernen (Bohrmann, 2002). Da das Fach während des Zweiten Weltkriegs als besonders relevant und strategisch bedeutsam galt, war danach eine „theoretische und methodische Neuausrichtung der in der NS-Zeit diskreditierten Disziplin" (Birkner & Scheu, 2019, S. 59) unumgänglich (Bohrmann, 2010). Diese Neuausrichtung zeigte sich in Westdeutschland nicht zuletzt durch eine Umbenennung der Disziplin an den meisten Hochschulstandorten: Aus der Zeitungswissenschaft wurde das Fach Publizistik beziehungswiese Publizistikwissenschaft. Eine Ausnahme bildet das Institut in München, welches auch nach 1945 zunächst als *Institut für Zeitungswissenschaft* weitergeführt wurde, worauf später noch genauer einzugehen sein wird. Die Umbenennung der Disziplin kann als Versuch interpretiert werden, Entwicklungslinien und Kontinuitäten aus der Zeit des Nationalsozialismus zu überdecken und zu signalisieren, eine „gegenständlich re-definierte und erkenntnisperspektivisch erweiterte, eigenständige Disziplin" (Koenen & Sanko, 2017, S. 121) befinde sich im Werden. Schließlich fehlte es der Disziplin nach 1945 massiv an Legitimation innerhalb der Universitäten, aber auch in der Politik, bei Verlegerverbänden und

Journalisten (Bohrmann, 2002, S. 30). Dabei ist zu betonen, dass eine publizistikwissenschaftliche Programmatik innerhalb des Faches nicht erst nach 1945 neu gedacht, sondern bereits von Karl Jaeger (1926) angeregt und diskutiert wurde. Nicht zuletzt durch die Etablierung des Films und der Vermehrung potenzieller Materialobjekte musste sich die Zeitungswissenschaft „herausgefordert fühlen und die Frage beantworten, ob die Disziplin ihren Gegenstand erweitern wollte, wenngleich die neuen Fragestellungen ältere Problembestände, wie die Presseforschung, künftig zurücktreten ließen" (Bohrmann, 1987, S. 356–357). Die in gewisser Weise „längst überfällige" (Koenen & Sanko, 2017, S. 121) Umbenennung war nun jedoch Bestandteil eines Entideologisierungsprozesses der ehemaligen Zeitungswissenschaft, der zugleich auch zur „Rekonstruktion des fachlich-exklusiven Problems" (Averbeck & Kutsch, 2002, S. 63) führte. So galt in dieser Phase der Fachgeschichte der „publizistische Prozess" (Hagemann, 1947) als das Formalobjekt dieses re-definierten Faches, was zugleich eine „Entgrenzung des Materialobjektes des Fachs über die periodisch erscheinenden Druckmedien hinaus" (Koenen & Sanko, 2017, S. 121) bedeutete. Während die gedruckte Zeitung in der Anfangszeit der Zeitungskunde das „alleinige Objekt" (Everth, 1928, S. 1873) des Faches darstellte, zählten nun also „sämtliche publizistische Medien" wie Hörfunk, Film und Fernsehen zu den materialen Objekten der Disziplin (Averbeck & Kutsch, 2002, S. 63).

Auch die Gründung der Fachzeitschrift *Publizistik* im Jahr 1956 verdeutlicht, dass an die Tradition des bis 1944 erschienenen wissenschaftlichen Fachorgans *Zeitungswissenschaft* trotz personeller Kontinuitäten nicht angeschlossen werden sollte. Vielmehr sollte die Neuausrichtung der Disziplin auch nach außen hin durch den neuen Titel sichtbar gemacht werden (Pürer, 2002), um so „das Erbe der früheren ‚Zeitungswissenschaft' auf erweiterter Grundlage fortzuführen" (Hagemann, 1951, S. VIII). Die Intention dieser Neugründung bestand darin, „den publizistischen Prozess als Formalobjekt des Faches" (Kutsch, 2023, S. 528) unter Rückgriff auf aktuelle Forschungsergebnisse zu etablieren, um so die wissenschaftliche Legitimität der Publizistik als eigenständiges akademisches Fach zu bekräftigen. Eine ausdrückliche Distanzierung von der Fachentwicklung und der zeitungswissenschaftlichen Forschung zur Zeit des Nationalsozialismus war jedoch kein Bestandteil dieses Entideologisierungsprozesses, der wie beschrieben vor allem über eine Re-Definition des Faches und der Fachinhalte erfolgen sollte (Averbeck & Kutsch, 2002; siehe hierzu auch Duchkowitsch et al., 2004; Pöttker, 2001). Auch eine erkenntnistheoretische Weiterentwicklung unterblieb weitestgehend, sodass methodische und sachliche Kontinuitäten nicht von der Hand zu weisen waren (Bohrmann, 2002). Ein tatsächlicher Neuanfang im Sinne einer metaphorischen „Stunde Null" nach 1945 (Hurwitz, 1972) fand also weder in personeller noch in fachlogischer Hinsicht statt (Birkner, 2023; Koenen, 2008). In dieser Konstellation hatte die frühe Publizistikwissenschaft zunächst an die geisteswissenschaftlichen Traditionen der Zeitungswissenschaft angeknüpft, bevor sich das Fach in den 1960er Jahren schließlich von den historisch-philologischen Methoden und dem beschriebenen normativen Fachverständnis zu lösen begann (Averbeck & Kutsch, 2002).

5.2 Die sozialwissenschaftliche Neuausrichtung der Publizistikwissenschaft

Katalysiert durch den „auffälligen Wandel[] moderner Gesellschaften zu Mediengesellschaften mit einem wachsenden diesbezüglichen Problemlösungsbedarf" (Kutsch & Pöttker, 1997b, S. 12), wandelte sich das Fachverständnis bis Ende der 1960er Jahre im Zuge der „empirisch-sozialwissenschaftliche[n] Wende in der Publizistik- und Zeitungswissenschaft" (Löblich, 2010b): Die geisteswissenschaftliche Orientierung trat zurück hinter eine empirisch-sozialwissenschaftlichen Ausrichtung nach US-amerikanischem Vorbild (Löblich, 2010a). Dies schlägt sich bis heute im Selbstverständnis der Deutschen Gesellschaft für Publizistik- und Kommunikationswissenschaft (DGPuK) nieder, demzufolge sich das Fach „als theoretisch und empirisch arbeitende Sozialwissenschaft mit interdisziplinären Bezügen" versteht. Die „geisteswissenschaftliche Perspektive" wird nur untergeordnet als „wichtige Ergänzung der sozialwissenschaftlichen Theorien, Methoden und Befunde" (Deutsche Gesellschaft für Publizistik- und Kommunikationswissenschaft, 2008) betrachtet. Diese Wende des Fachverständnisses in den 1960er Jahren führte nicht zuletzt dazu, dass das Materialobjekt Zeitung zunehmend in den Hintergrund trat (Averbeck & Kutsch, 2002; Bohrmann, 1987).

Der gesellschaftliche und mediale Wandel, der auch die öffentliche Kommunikation maßgeblich beeinflusste (Hodenberg, 2006), setzte das Fach einem massiven Veränderungsdruck aus, der schließlich zur Etablierung neuer Fachkonzepte „über die arrivierten und eingefahrenen zeitungs- und publizistikwissenschaftlichen Denkmuster hinaus" (Koenen & Sanko, 2017, S. 127) führte. Die gesellschaftliche Rolle des Journalismus sowie die Pressekonzentration führten nach dem Ende des Nationalsozialismus und des Krieges zu breiten öffentlichen Diskussionen. Um auf diese Diskussionen adäquat reagieren zu können, waren Medienunternehmen, Branchenverbände und politische Akteur:innen des Mediensektors auf fundierte Forschungsergebnisse in Form von „repräsentative[n] Daten und unmittelbar verwertbare[n] sozialwissenschaftliche[n] Erkenntnisse[n]" (Löblich, 2010b, S. 302) angewiesen, die als Grundlage für strategische Unternehmensentscheidungen sowie für die Legitimation politischer Maßnahmen herangezogen werden konnten. Bezogen auf die Journalismusforschung bedeutet dies beispielsweise, dass die Wissenschaft ihren Fokus verstärkt auf spezifische Problemfelder der Aussagenentstehung verlagerte. Katalysiert wurde dieser Prozess von der Erkenntnis der Bedeutung von intersubjektiv überprüfbaren Ergebnissen, die unter Verwendung empirischer Methoden erarbeitet werden sollten (Löffelholz & Sarısakaloğlu, 2024). Daraus folgte, dass Zeitungen beziehungsweise Zeitungsinhalte vorrangig als Quellen, beispielsweise im Rahmen der Medieninhaltsforschung, aber weniger als Forschungsgegenstand selbst herangezogen wurden und es zu dem schon erwähnten „Bedeutungsverlust des geisteswissenschaftlichen Fachverständnisses und [der] Entwicklung, Durchsetzung und Stabilisierung des empirisch-sozialwissenschaftlichen Fachverständnisses" (Löblich, 2010b, S. 303) kam. Pürer (2002, S. 133) unterstreicht, die Impulse für die paradigmatische Neuausrichtung des Fachs und die methodische Erweiterung hin zur empirischen Sozialforschung seien primär „vom Generationenwechsel an der Spitze der damals bestehenden Institute" ausgegangen. Meyen (2007) konstatiert hingegen, dass insbesondere die von ihm – unter Rückbezug auf Walter J. Schütz – als „Jungtürken" bezeichneten Forscher:innen, also Wissenschaftler:innen, die in den 1960er Jahren Doktorand:innen waren oder Assistenzstellen innehatten und sich damit noch am Beginn einer wissenschaftlichen Laufbahn befanden, als die wesentlichen Triebkräfte des dargelegten paradigmatischen Wandels von der Publizistikwissenschaft hin zur empirisch-sozialwissenschaftlichen Kommunikationswissenschaft zu betrachten sind. So mussten sich insbesondere ‚Nachwuchswissenschaftler:innen' durch die Entwicklung von innovativen theoretischen und methodischen Ansätzen von der Generation der etablierten Wissenschaftler:innen abgrenzen, um sich im wissenschaftlichen Feld zu profilieren (Mayer, 1993). Denn mit Ausnahme von Elisabeth Noelle-Neumann konnten sich die aus der Praxis stammenden Institutsleiter, die in den frühen 1960er Jahren ihr Amt antraten, „im Gegensatz zu den ‚Jungtürken' nicht selbst als Primärforscher betätigen" (Meyen, 2007, S. 325). Hinsichtlich ihrer universitären Sozialisation war die Studienerfahrung dieser Generation vor allem durch die geringe Reputation der Zeitungs- und Publizistikwissenschaft innerhalb des akademischen Feldes, aber auch in der Praxis geprägt. Auch wenn Meyen den „Neugründer[n] um Prakke, Eberhard, Ronneberger, Noelle und Roegele" (2007, S. 320) nicht die gleiche zentrale Rolle bei der Neuausrichtung der Disziplin hin zu einer empirischen Sozialwissenschaft einräumt wie Pürer, stellt er dennoch heraus, dass diese Personen maßgeblich dazu beigetragen haben, das Image der Disziplin zu verbessern, was einen Ausbau des Faches nach sich zog, von dem insbesondere die „Jungtürken" profitieren konnten, die typischerweise kurz nach ihrer Habilitation auf Professuren berufen wurden (Meyen, 2007). Damit folgt Meyen in seinen Ausführungen der bereits beschriebenen Theorie von Kuhn (1996), nach der Paradigmenwechsel vor allem durch jungen Wissenschaftler:innen initiiert werden. Da das Fach zu diesem Zeitpunkt noch vergleichsweise jung und klein war, war die Prägung der Disziplin durch Einzelpersonen von besonderer Relevanz (Kutsch & Pöttker, 1997a; Meyen, 2007). Schließlich konnte sich auf dieser Grundlage „der Phoenix Publizistik [...] als Kommunikationswissenschaft aus der Asche" (Kutsch & Pöttker, 1997b, S. 10) erheben.

Auch wenn diese Neuausrichtung – retrospektiv betrachtet – maßgeblich zur Fortführung der Disziplin beitragen sollte (Meyen, 2007; Noelle-Neumann, 1997), waren weder die Neuorientierung an sich noch die Umbenennungen der Disziplin unumstritten, sondern vielmehr ein „mühsame[r] Wandel" (Szyszka, 1998, S. 9). Dies kann insbesondere anhand des Münchener Instituts veranschaulicht werden. Das Fachverständnis des Münchener Institutsleiters Karl d'Ester war stark am Materialobjekt Zeitung ausgerichtet, sodass er eine publizistikwissenschaftliche Programmatik strikt abgelehnt hat. In der Folge wurde in München an der „Überlieferung einer erweiterten Zeitungswissenschaft" (Schütz, 2006, S. 16) mit einem pressehistorischen Schwerpunkt festgehalten (Löblich, 2010b). Dieses konventionelle Fachverständnis wurde insbesondere dadurch deutlich, dass dieses Institut, wie bereits beschrieben, an der Bezeichnung *Institut für Zeitungswissenschaft* auch über 1945 hinaus festgehalten hat. Seit den 1970er Jahren setzte sich schließlich der Begriff Kommunikationswissenschaft in Deutschland allgemein durch. Während die heutige Deutsche Gesellschaft für Publizistik- und Kommunikationswissenschaft 1963 noch als Gesellschaft für Publizistik- und Zeitungswissenschaft gegründet worden war, erhielt sie bereits neun Jahre später ihren bis heute bestehenden Namen, wodurch der Wandel der Disziplin auch in dieser Hinsicht nach außen sichtbar wurde (Wilke, 2016). In der Folge wurde auch das Institut in München 1974 in *Institut für Kommunikationswissen-*

schaft (Zeitungswissenschaft) umbenannt. Durch diese Namenswahl wird deutlich, dass das ‚zeitungswissenschaftliche' Fachverständnis immer noch immanenter Bestandteil des Institutsnamens war (Koenen, 2008; Meyen & Löblich, 2004a). Im Jahr 2004, und damit kurz nach dem Ausscheiden von Hans Wagner, der als „wichtigste[r] Vertreter der Münchener Zeitungswissenschaft" (Meyen & Löblich, 2004b, S. 11) gelten kann, kam es zur kompletten Abkehr vom Namensbestandteil Zeitungswissenschaft. Damit nahm die ‚Münchener Schule' für lange Zeit eine Sonderstellung innerhalb der Publizistik- beziehungsweise Kommunikationswissenschaft in Deutschland ein. Gegenwärtig sei Zeitungswissenschaft jedoch auch an diesem Institut „kaum noch präsent", wie Alexander Haas (2016) betont, vielmehr dominiere auch hier inzwischen ein empirisch-sozialwissenschaftliches Fachverständnis.

5.3 Die „neue Kommunikationswissenschaft"

Insbesondere seit den 1990er Jahren löst sich die Kommunikationswissenschaft zunehmend von der publizistikwissenschaftlichen Tradition, nach der das Fach vor allem die massenmedial vermittelte Kommunikation sowie die Wirkung dieser öffentlichen Kommunikationsprozesse fokussiert hat. Die „neue Kommunikationswissenschaft" (Löffelholz & Quandt, 2003) ist durch eine Gegenstandsperspektive zu charakterisieren, die über den beschriebenen traditionellen publizistikwissenschaftlichen Horizont und die Grenzen der klassischen Massenkommunikation hinausreicht. Die analytische Untersuchung von individuellen Kommunikationsprozessen wird nun auch jenseits von Rezeptionsprozessen zum Gegenstand des Fachs (Döring, 2003; Koenen & Sanko, 2017). Darüber hinaus schlagen sich in dieser „neuen Kommunikationswissenschaft" auch der rasante Medienwandel sowie die digitale Transformation nieder, durch die eine kontinuierliche Erweiterung und Diversifizierung der spezifischen Problem- und Gegenstandsbereiche sowie eine sich daran orientierende Anpassung der Theorien und

Methoden nötig wird. Parallel dazu zeigt sich seit den 1990er Jahren ein konstantes institutionelles Wachstum des Faches sowie eine verstärkte geographische Streuung der kommunikationswissenschaftlichen Hochschulstandorte (Koenen & Sanko, 2017; Meyen, 2004). Dass die Expansion des Fachs bis heute anhält, belegen auch die Mitgliederzahlen der DGPuK: Während die Fachgesellschaft 2012 noch 890 Mitglieder verzeichnete, sind es 2024 bereits 1.295 (Deutsche Gesellschaft für Publizistik- und Kommunikationswissenschaft, 2012, 2024). Zudem verzeichnet die DGPuK auf ihrer Homepage aktuell insgesamt 85 akademische Einrichtungen, „die journalistische, kommunikations- und medienwissenschaftliche Studiengänge anbieten und an denen die Mitglieder der DGPuK beschäftigt sind" (Deutsche Gesellschaft für Publizistik- und Kommunikationswissenschaft, o. J.).

In der jüngeren Vergangenheit hat zudem die Relevanz der Journalismusforschung enorm zugenommen, was zu einem „internationale[n] Forschungsboom" (Meier et al., 2020, S. 4) geführt hat. In Deutschland manifestiert sich die Bedeutung dieses Forschungsfeldes insbesondere auch in der Größe der Fachgruppe Journalistik/Journalismusforschung, die eine der größten Fachgruppen innerhalb der DGPuK darstellt (Meier et al., 2020). Altmeppen et al. (2011) konnten zudem zeigen, dass die Journalismusforschung innerhalb der Kommunikationswissenschaft nicht nur zu den Forschungsbereichen zählt, die am meisten Drittmittel generieren, sondern auch in Fällen ohne finanzielle Förderung zu den am intensivsten erforschten Gebieten gehört.

Obwohl die Journalismusforschung eng mit der Kommunikationswissenschaft verbunden ist, handelt es sich hierbei um ein interdisziplinäres Forschungsfeld (Hanitzsch & Engesser, 2014; Hase et al., 2022). In fachgeschichtlicher Perspektive hat sich die Journalistik insbesondere um die Jahrtausendwende von der traditionellen Fokussierung auf die Kommunikatorforschung emanzipiert und sich von einer primär personenzentrierten Untersuchung von Journalist:innen gelöst. Stattdessen wird nunmehr ein holistischer Forschungsansatz verfolgt, der den Journalismus innerhalb der Gesellschaft in seiner Gesamtheit betrachtet (Hanitzsch & Engesser, 2014). Insbesondere die Digitalisierung und die digitale Transformation der Gesellschaft haben zu einem „immens gestiegenen Forschungsbedarf" (Meier et al., 2020, S. 4) geführt. Gesellschaftliche Konflikte und Krisensituationen wie die COVID-19-Pandemie (u. a. Maurer et al., 2021), der Krieg in der Ukraine (u. a. Kotišová, 2023; Kotišová & Van Der Velden, 2023) oder die Klimakrise (u. a. Bødker & Morris, 2021) unterstreichen die zunehmende Notwendigkeit verlässlicher Informationen und eines qualitätsvollen Journalismus. Gleichzeitig erfahren jedoch Intermediäre wie Facebook, Google und X, um nur einige Beispiele zu nennen, eine zunehmende Bedeutung in der Konstituierung öffentlicher Diskurse hin zur steigenden Ausbildung von Meinungsmacht, sodass der Journalismus sein Monopol als Gatekeeper verloren hat. Gleichwohl definieren sich diese Intermediäre nicht als journalistische Akteure, wodurch eine Selbstverpflichtung zu publizistischer Diversität und ethischer Selbstregulierung problematisch ist (Jarren & Neuberger, 2020). So sei insbesondere in den sozialen Medien „eine toxische Mischung aus populistischer Kommunikation und verwirrender Vielstimmigkeit entstanden" (Meier & Neuberger, 2023, S. 10), was zum Verlust eines „gemeinsame[n] Wirklichkeitsverständnis[ses]" (ebd.) führen könne. Darüber hinaus stellen diese digitalen Plattformen den Journalismus aus ökonomischer Perspektive zunehmend vor Herausforderungen, was die oft proklamierte und diskutierte Krise des Journalismus (Lünenborg, 2012; Weischenberg, 2010), die nicht nur auf eine „Krise der Printmedien" (Bartelt-Kircher et al., 2010) heruntergebrochen werden kann, unterstreicht. An dieser Stelle sind insbesondere die Überschneidungspunkte zwischen der Journalistik und der kommunikationswissenschaftlichen Medienökonomie von entscheidender Bedeutung; beispielsweise wenn es darum geht, wie sich Verlage künftig aufstellen müssen, um die digitale Transformation und die damit einhergehenden Chancen nutzbar machen und die ökonomische Herausforderung überwinden zu können (Brinkmann, 2018; Buschow et al., 2023; Erbrich et al., 2024; Nohr, 2011; Wellbrock & Buschow, 2020, 2022).

Neben international groß angelegten Studien wie der *Worlds of Journalism Study* (Hanitzsch et al., 2019; Loosen et al., 2023) wurden zudem größere auf Europa oder den DACH-Raum fokussierte Drittmittelprojekte durchgeführt, die unter anderem den Journalismus insgesamt und aktuelle Veränderung innerhalb des journalistischen Feldes (Hanitzsch et al., 2019) sowie die Triebkräfte hinter journalistischen Innovationen untersuchen (Meier et al., 2024). Darüber hinaus widmen sich diese länderübergreifenden Projekte beispielsweise auf einer spezifischeren Untersuchungsebene der inhaltlichen und strukturellen Analyse der Regionalpresse in Deutschland und Österreich (Vonbun-Feldbauer et al., 2020).

Für die Journalismusforschung ist eine kontinuierliche, am Medienwandel orientierte Neujustierung nötig, um die angesprochenen Transformationsprozesse adäquat erfassen und analysieren zu können (Hanitzsch & Engesser, 2014; Loosen et al., 2022; Schützeneder et al., 2020). Dies erfordert unweigerlich auch eine Anpassung und Erweiterung des methodischen Repertoires der Disziplin. Die Bedeutung dieser Entwicklung wird durch die verstärkte Implementierung computergestützter Analysemethoden unterstrichen. In diesem Zusammenhang wird die Inhaltsanalyse, „*die* Königsmethode" (Matthes, 2019, S. 94) der Kommunikationswissenschaft allgemein, zunehmend durch (teil-) automatisierte Analyseverfahren erweitert. Diese Ergänzung zu traditionellen Analyseverfahren ermöglicht die effiziente und innovative Verarbeitung und Auswertung der enormen Datenmengen, die in einer mediatisierten Gesellschaft entstehen (Boczek & Hase, 2020). Besonders in der Journalismusforschung nimmt die automatisierte Inhaltsanalyse eine zentrale Position ein, da sie die detaillierte Untersuchung verschiedenster Facetten journalistischer Kommunikation ermöglicht (Hase et al., 2022). Hase et al. (2022, S. 63–64) stellen heraus, dass hierzu folgende Dimensionen zählen:

1. die Identifizierung von Elementen wie Akteuren und Orten, formalen Merkmalen, Ereignissen und Themen sowie der syntaktische und semantische Aufbau von Texten,

2. die Analyse von Strukturen journalistischer Kommunikation, einschließlich Framing sowie der Bewertung von Inhalten und der Themensetzung durch spezifische Akteur:innen im Rahmen von Agenda-Setting-Studien sowie
3. die Untersuchung von Prozessen, also die Betrachtung von Elementen und Strukturen im Zeitverlauf (Boczek & Hase, 2020; Hase et al., 2022).

Dabei kommen journalistischen Texten im Allgemeinen und Printmedien im Speziellen besondere Bedeutung zu. Denn Studien, die automatisierte Analyseverfahren einsetzen, fokussieren nahezu ausschließlich Textinhalte. Printmedien beziehungsweise digitalisierte Zeitungen bieten zudem Zugang zu vergleichsweise langen Zeitreihen, was essenziell ist, um die angesprochenen Prozesse journalistischer Kommunikation abbilden zu können (Fürst et al., 2020; Hase et al., 2022). Dies wird durch stetig voranschreitende Digitalisierungsprojekte unterstützt, sodass den Forschenden mittlerweile umfangreiche digitale beziehungsweise (retro-)digitalisierte Quellenkorpora zur Verfügung stehen. Die Digitalisierung von Zeitungen geht längst über die bloße Bereitstellung von Digitalisaten hinaus; vielmehr liegt der Fokus zunehmend auf der Generierung hochwertiger Forschungsdaten (Heim, 2023). Der erleichterte Zugang zu Zeitungen und Zeitschriften hat die Forschungsprozesse und Methodenansätze, wie anhand der automatisierten Inhaltsanalyse aufgezeigt, erheblich verändert, was wiederum auch direkte Auswirkungen auf die transnationale Forschung hat, da Quellen und Forschungsdaten nun unabhängig vom Standort zugänglich und nutzbar werden (Blome, 2023; Putnam, 2016).

In den letzten Jahren hat die wissenschaftliche Auseinandersetzung mit (historischen) Zeitungsbeständen durch die verbesserten Forschungsmöglichkeiten stark zugenommen (Bunout et al., 2023; Ehrmann et al., 2023). Die Methodeninnovationen eröffnen auch neue Perspektiven für eine digitale Zeitungsforschung. In diesem Zusammenhang fordert Koenen (2022) die Forschenden dazu auf, sich intensiver mit digitalisierten Zeitungen als einzigartige epistemische Objekte auseinanderzusetzen. Dies müsse notwendigerweise auch eine kritische Reflexion der Möglichkeiten und Grenzen der Forschung mit digitalisierten Zeitungen und den Zeitungsportalen vor dem Hintergrund ihrer praktischen Erfahrungen umfassen.

Es ist zu konstatieren, dass Zeitungen und redaktionelle Inhalte in der Kommunikationswissenschaft inzwischen zwar weniger als Forschungsgegenstand im Kontext historischer Presseforschung herangezogen werden, aber insbesondere in der Journalismus- und Medieninhaltsforschung als Quelle für quantifizierende Analysen eine enorme Bedeutung erhalten, da sie „Ereignisse, Diskurse, Themen oder Personen [enthalten], die zu gegebenen Zeiten in einer sozialen Öffentlichkeit stattfinden" (Niekler, 2018, S. 16). Durch Inhaltsanalysen und vor allem computergestützte, automatisierte Analyseverfahren, deren Anwendung rapide zugenommen hat (Haim et al., 2023; Hase, 2023; Van Atteveldt & Peng, 2018), werden diese Inhalte der journalistischen Kommunikation sowie Darstellungs- und Nachrichtenformen innerhalb der Kommunikationswissenschaft intensiv erforscht (Birkner, 2012; Birkner et al., 2018; Klein, 2023; Oehmer-Pedrazzi et al., 2023).

Obwohl die Kommunikationswissenschaft „die Disziplin [ist], die sich am längsten mit der Geschichte von Medien auseinandergesetzt hat" (Bösch, 2019, S. 10), spielt die Auseinandersetzung mit Medien, insbesondere mit Printmedien, in historischer Perspektive nur noch eine untergeordnete Rolle, da, wie bereits beschrieben, quantifizierende gegenwartsbezogene Analysen deutlich dominieren. Die historische Forschung im Fach ist so weit in den Hintergrund getreten, dass von einer „Verlustgeschichte" (Meyen, 2010) als Ergebnis eines „Enthistorisierungsprozesses der Kommunikationswissenschaft" (Averbeck-Lietz, 2021, S. 19) gesprochen werden kann. Dieser „wissenschaftliche Substanzverlust" (Bohrmann, 1987, S. 358) der kommunikationswissenschaftlichen Zeitungsforschung im Sinne einer historischen Presseforschung, wie ursprünglich im Rahmen der Zeitungswissenschaft betrieben, wird dadurch verstärkt, dass kommunikationsgeschichtliche Themen im Rahmen der universitären Lehre nur noch eine marginale

Rolle spielen und nur selten über einführende Vorlesungen hinaus behandelt werden (Averbeck-Lietz, 2021; Meyen, 2010). Wenngleich durch den historisch interessierten Nachwuchs innerhalb der Kommunikationswissenschaft auch gegenwärtig presse- und journalismushistorische Dissertationen (Michael, 2020; Venema, 2023) vorgelegt werden, wird ‚Nachwuchswissenschaftler:innen' in der Regel empfohlen, sich nicht nur auf kommunikationsgeschichtliche Fragestellungen und Themen zu konzentrieren, sondern sich ergänzend in weitere Forschungsfelder einzuarbeiten, da sich gerade junge Wissenschaftler:innen fortwährend am empirisch-sozialwissenschaftlichen Umfeld des Fachs orientieren und messen lassen müssen. Dabei lassen sich viele kommunikationswissenschaftliche Themen, darunter auch Forschung mit und über Zeitungen oder zum Journalismus allgemein, historisch kontextualisieren. Infolgedessen kann die historische Perspektive eine gewinnbringende Ergänzung zu gegenwartsbezogenen Sichtweisen darstellen. Trotz dieser „Verlustgeschichte" und der vergleichsweise dünnen Personaldecke bekleidet die Kommunikationsgeschichte eine durchaus nachgefragte Nische – vor allem wenn es darum geht, sozialwissenschaftliche und historische Aspekte miteinander zu verbinden und so interdisziplinäre Verknüpfungen herzustellen (Averbeck-Lietz, 2021; siehe hierzu auch Bobrowsky et al., 1987). So zählt sicherlich der vom Bundesministerium für Bildung und Forschung (BMBF) geförderte interdisziplinäre Forschungsverbund „Das mediale Erbe der DDR. Akteure, Aneignungen, Tradierungen" zu den wichtigsten aktuellen Drittmittelprojekten im Bereich Zeitungsforschung. In der aktuellen zweiten Förderphase, welche 2023 gestartet ist, wird bis 2025 an der Arbeitsstelle Kommunikationsgeschichte und Medienkulturen der Freien Universität Berlin unter der Leitung von Maria Löblich das Projekt „Die Berliner Zeitung als ostdeutscher Identitätsanker?" als Teilprojekt durchgeführt (Freie Universität Berlin, 2023). Innerhalb dieses Verbundes wird mit dem Projekt „Ein ‚Leib-und-Magen-Blatt' für den Osten. Der Aufstieg der SuperIllu" am Leibniz-Zentrum für Zeithistorische Forschung Potsdam unter der Leitung von Frank Bösch und Jürgen Danyel zudem ein weiteres Printmedium untersucht (Forschungsverbund „Das mediale Erbe der DDR. Akteure, Aneignung, Tradierung", o. J.).

5.4 Lehrstuhldenominationen im Fach Kommunikationswissenschaft

Um die aktuelle institutionelle Ausgestaltung der Kommunikationswissenschaft, die, wie zuvor dargelegt, in Deutschland als Fortschreibung der ehemaligen Zeitungswissenschaft gilt, erfassen zu können, wurden die Lehrstuhldenominationen des Fachs als weitere Quelle für die Untersuchung der institutionalisierten Fachgeschichte herangezogen. Innerhalb des Faches lag der Fokus insbesondere auf dem Forschungsgebiet Journalismusforschung, welche in historischer Perspektive als „Keimzelle einer Zeitungswissenschaft, aus der sich später die Publizistik- und eine moderne Kommunikationswissenschaft entwickelt hat" (Hanitzsch & Engesser, 2014, S. 137), gilt. Dieser Zugang wurde gewählt, da die Besetzung und Ausrichtung einer Professur als eine bewusste, strategische Entscheidung einer Hochschule gewertet werden kann. So stellt die Einrichtung, Wiederbesetzung oder Umbenennung eines Lehrstuhls eine entscheidende Weichenstellung für die zukünftige Ausrichtung einer Disziplin an einer Hochschule dar. Diese Entscheidungen tragen damit maßgeblich zur Profilbildung der jeweiligen Hochschule bei und beeinflussen somit deren akademische und gesellschaftliche Wahrnehmung (Deger & Sembritzki, 2020).

Die Ergebnisse zeigen, dass an den Lehrstuhldenominationen im Fach Kommunikationswissenschaft eine Abkehr von den ‚klassischen' Mediengattungen Print und Fernsehen und eine Öffnung hin zu neueren Medien zu erkennen ist. Ein bezeichnendes Beispiel für diese Entwicklung stellt das Journalistische Seminar der Johannes Gutenberg-Universität Mainz dar, wo im Jahr 2015 die bisherige *Professur für Pressejournalismus* zur *Professur für Journalismus I. Grundlagen und Strategien des Journalismus* und die *Professur für Fernsehjournalismus* zur *Professur für Journalismus II. Audiovisuelles Publizieren* umgewidmet wurden (Johannes Gutenberg-Universität Mainz, Institut für Publizistik, o. J.). Am Institut für Journalistik der Technischen Universität Dortmund existiert gegenwärtig mit der *Professur für Online-/Printjournalismus* die einzige Professur im Fach Kommunikationswissenschaft, die sich gemäß ihrer Denomination dezidiert mit Presse- oder Printjournalismus auseinandersetzt (Technische Universität Dortmund, o. J.). Darüber hinaus ist an der Universität Tübingen innerhalb der Medienwissenschaft ein *Lehrstuhl für Print und Onlinemedien* zu finden (Eberhard Karls Universität Tübingen, 2024). Auch anhand dieser Denominationen wird jedoch die Verlagerung der wissenschaftlichen Orientierung in Richtung Onlinemedien beziehungsweise Onlinejournalismus deutlich. Die Lehrstuhldenominationen im Forschungsgebiet Journalismusforschung folgen einer Ausdifferenzierung in „X-Journalismen" (Loosen et al., 2022), womit die zunehmende Digitalisierung und Datafizierung des Forschungsgegenstandes Journalismus und des Forschungsgebietes Journalismusforschung abgebildet wird, sodass im Bereich Digitaler Journalismus und Datenjournalismus eine Ausdifferenzierung der institutionalisierten Wissenschaftszweige hervortritt. Dies zeigt sich nicht zuletzt auch durch die im Jahr 2021 an der Technischen Universität Dortmund geschaffene und deutschlandweit erste W2-Professur für Datenjournalismus (Technische Universität Dortmund, 2021) und weitere Professuren für Digitalen Journalismus, die in der jüngsten Vergangenheit an verschiedenen Universitäten im gesamten Bundesgebiet geschaffen wurden.

5.5 Zur thematischen Ausgestaltung kommunikationswissenschaftlicher Abschlussarbeiten

Wenn man die Ausrichtung und Entwicklung eines Faches in seiner gesamten Breite und Tiefe analysieren und verstehen möchte, müssen nicht nur die institutionalisierten Ebenen der Disziplin, sondern auch der wissenschaftliche Nachwuchs betrachtet werden. Denn wie Schweiger et al. (2009) betonen, stellen Abschlussarbeiten besondere Gradmesser für die methodische und thematische Orientierung einer wissenschaftlichen Disziplin dar. So trägt wissenschaftlicher Nachwuchs „nicht nur zum wissenschaftlichen Erkenntnisfortschritt bei, sondern auch zur zukünftigen thematischen und methodischen Ausrichtung des Faches" (Wirth et al., 2008, S. 85). In der Folge können Abschlussarbeiten als Gradmesser für inhaltliche Interessen und empirische sowie theoretische Kompetenzen der Studierenden angesehen werden; wobei gleichzeitig auch Einflüsse durch die Lehrenden denkbar sind (Katzenberger, 2019). In Anlehnung an Schweiger et al. (2009) und Katzenberger (2019) wurde daher *transfer* – das vom akademischen Mittelbau betreute E-Journal der DGPuK, das mit „sehr gut" und „gut" bewertete kommunikationswissenschaftliche Abschlussarbeiten (Magister-, Diplom-, Master-, Lizentiats- und Bachelorarbeiten) in Form von Abstracts veröffentlicht – als Quelle und Analysegegenstand herangezogen. Einschränkend ist jedoch darauf hinzuweisen, dass es sich hierbei um keine repräsentative Auswahl aller Abschlussarbeiten handelt. Dennoch bietet *transfer* aufgrund der hohen Anzahl an verzeichneten Abschlussarbeiten von verschiedenen Universitäten beziehungsweise Hochschulen und den unterschiedlichen zugrundeliegenden Qualifikationsstufen einen adäquaten und in dieser Form singulären Zugang zur Ausgestaltung der studentischen Abschlussarbeiten der Disziplin (Katzenberger, 2019). Innerhalb dieses E-Journals werden die einzelnen Abstracts von den Herausgeber:innen verschiedenen Kategorien wie unter anderem Journalismus, Medieninhalte oder Rezeptions- und Wirkungsforschung zugeordnet. Diese Zuordnungen wurden im Rahmen der vorliegenden Studie für die Jahrgänge 1999 bis 2022 erhoben. Insgesamt fließen in die Analyse N = 3.758 Abstracts ein. Mit einem Anteil von insgesamt 21,31% wurden die meisten Abstracts der Kategorie Rezeptions- und Wirkungsforschung zugeordnet, darauf folgen die Kategorien Medieninhalte (20,97%) und Neue Informations- und Kommunikationstechnologien (12,75%). Die für dieses

Projekt besonders relevanten Kategorien Journalismus (8,52%) und Mediengeschichte (2,77%) bleiben deutlich hinter den frequentesten Oberkategorien zurück.

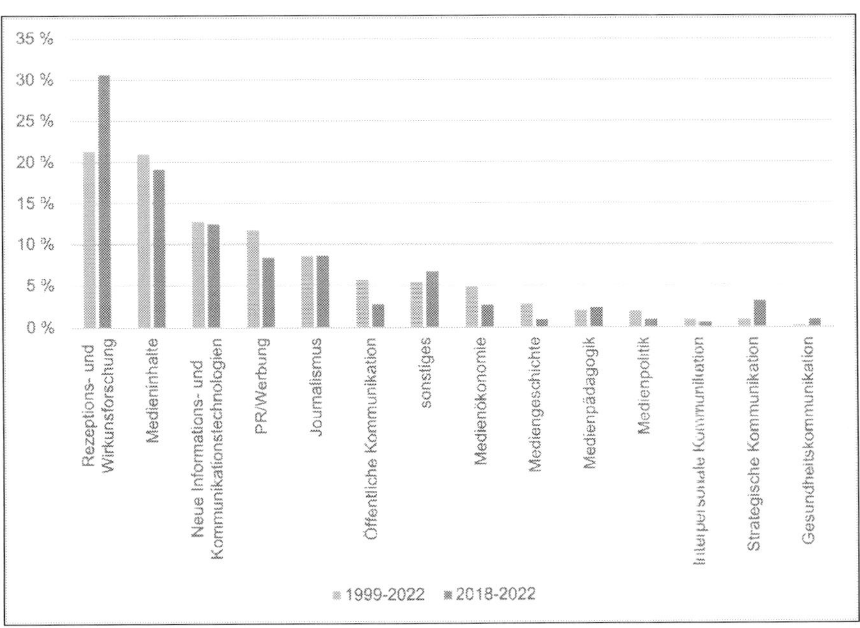

Abb. 1: Verteilung der thematischen Schwerpunkte in *transfer*, 1999–2022

Um zu untersuchen, inwieweit es in der jüngeren Vergangenheit Veränderungen bei dieser Themenverteilung gegeben hat, folgte in einem zweiten Schritt eine fokussierte Betrachtung der Abstracts der Jahrgänge 2018 bis 2022 (N = 866). Es ist bemerkenswert, dass sich im Ranking der am häufigsten vorkommenden Kategorien keine Verschiebungen zeigen, jedoch Unterschiede im prozentualen Anteil der einzelnen Kategorien festzustellen sind. So entfallen annähernd die Hälfte der Abstracts aus den analysierten Jahrgängen auf die Bereiche Rezeptions- und Wirkungsforschung (30,60%) sowie Medieninhalte (19,17%). Während der Anteil der Kategorie Journalismus (8,55%) nahezu unverändert bleibt, stürzt die Mediengeschichte auf 0,92% ab.

Vor allem dieser Kategorie werden Abstracts zugeordnet, die sich mit Zeitungsforschung, wie sie im vorliegenden Projekt verstanden wird, befassen (siehe hierzu u.a. Müller, 2002). Dies kann als Resultat des oben formulierten Befundes, dass kommunikationsgeschichtliche Elemente kaum noch in der universitären Lehre verankert sind, betrachtet werden. Sowohl in der Kategorie Medieninhalte als auch Journalismus werden Zeitungen zwar als Quellen herangezogen und (inhaltsanalytisch) untersucht, allerdings greifen die Studierenden insgesamt deutlich häufiger und mit stark zunehmender Tendenz, wie Katzenberger (2019) aufzeigt, auf digitale beziehungsweise Online-Medien zurück. Dieser Befund ist zum einen durch den Medienwandel und die fortschreitende Zuwendung zu digitalen Medien insgesamt zu erklären, zum anderen jedoch auch dadurch, dass sich die Studierenden an ihrer eigenen Mediennutzung orientieren, die durch „die verstärkte Hinwendung junger Zielgruppen zu Onlinemedien bei gleichzeitiger Abwendung vom Rundfunk, und sicherlich auch der Presse" (Katzenberger, 2019, S. 31) geprägt ist.

6. Zeitungsforschung in der Geschichtswissenschaft

6.1 Zum aktuellen Stand der Zeitungsforschung in der Geschichtswissenschaft

Während die Anfänge der Buchgeschichte bis ins 19. Jahrhundert zurückreichen, war das Verhältnis der Geschichtswissenschaft zu anderen publizistischen Medien lange Zeit durch „herablassende Distanz und Nichtachtung" geprägt, wie der Historiker Axel Schildt (2000, S. 487) betont, sodass dem Buch im Vergleich zu anderen publizistischen Quellen „forschungsgeschichtlich eine Vorrangstellung" (Tschopp, 2015) eingeräumt wurde. Das Fach versuchte sich vor allem durch die Archivquellen von anderen geisteswissenschaftlichen Disziplinen abzugrenzen, sodass Presseforschung allenfalls als Hilfsdisziplin herangezogen wurde (Bohrmann, 1987; Bösch, 2019). Lange Zeit wurden Zeitungen somit „in schlichter abbildtheoretischer Vorstellung höchstens als Spiegel der Zeitläufte" (Schildt, 2001, S. 179) oder als „dialogische Vermittler" (Barberi & Pircher, 2003, S. 5) gewürdigt. Diese Distanz ist insbesondere seit den 1990er Jahren jedoch der Erkenntnis gewichen, „dass die Entwicklung der modernen Gesellschaften nicht ohne die Berücksichtigung der Medien zu verstehen ist" (Schildt, 2000, S. 487). Axel Schildt forderte die Disziplin folglich auf, sich von einer „immanente[n] Historisierung einzelner Medien" abzuwenden und den „Blick auf den Zusammenhang von Medien- und Gesellschaftsentwicklung, auf eine dringend erforderliche Geschichte der Öffentlichkeit" (2000, S. 487) zu richten.

Studien zur Geschichte von Einzelmedien – wobei initial ein vorrangiges Augenmerk auf Printmedien lag, oftmals mit akteurs- und organisationsbezogenem Schwerpunkt (u. a. Guratzsch, 1974) – haben insbesondere seit den 1970er Jahren zugenommen. Damit folgte die Fachentwicklung an dieser Stelle einer generellen „Öffnung der Geisteswissenschaften für mediale Aspekte" (Crivellari & Sandl, 2003, S. 622) durch die Etablierung sozialgeschichtlicher Forschungsperspektiven. Diese Neuorientierung wurde insbesondere durch die von Habermas veröffentlichte Studie zum „Strukturwandel der Öffentlichkeit" (Habermas, 1962) katalysiert. Darüber hinaus förderte neben der zunehmenden Omnipräsenz der Medien in der Lebenswelt, woraus eine immanente Prägung der historischen Perspektive resultiert, auch der ‚Cultural Turn' den Blick auf medial vermittelte und geprägte Diskurse und Wahrnehmungen. Obwohl die Hinwendung zu den Medien in den geisteswissenschaftlichen Fächern keineswegs ohne Widerstand blieb, konnten sich insbesondere auf dem Boden der Hochschulkrise der späten 1960er Jahren kulturrevolutionäre Perspektiven gegen etablierte Traditionen durchsetzen und so eine Revision der theoretischen und methodischen Rahmensetzungen des Fachs sowie eine „Öffnung gegenüber den Sozialwissenschaften" (Mommsen, 1989, S. 290) anregen (Bichler, 1989).

Printmedien im Allgemeinen und die Zeitung im Speziellen wurden schließlich durch das Hinzutreten von digitalen Medien seit den 1990er Jahren gewissermaßen zu ‚alten' Medien, was nicht zuletzt zu einer stärkeren Historisierung der Gegenstände führt (Bösch, 2011, 2019). Dabei käme es, Bösch (2016) folgend, vor allem darauf an, Zeitungen nicht nur als Quellen heranzuziehen, sondern die jeweiligen Kontexte zu analysieren. Mit Blick auf die gegenwärtige Forschungslandschaft wird deutlich, dass sich die Mediengeschichte – zunächst beschränkt auf Institutionen und Technik – inzwischen zu einer Geschichte der Öffentlichkeit entwickelt hat, welche „massenmediale Prozesse mit sozial- und kulturgeschichtlich geschultem Blick" (Geppert, 2007, S. 8) analysiert (Hodenberg, 2006; Requate, 1999). Die spezifischen Fokussierungen liegen beispielsweise auf der Ebene der Akteur:innen (Greiling, 2017; Requate, 1995; Schildt, 2020), der Mediennutzung (Bösch, 2018b; Erdogan, 2021; Führer, 1996; Schildt, 1995) oder diskursanalytischen Ansätzen (Greiner, 2014), um nur einige Beispiele zu nennen (Bösch, 2019; Bösch & Vowinckel, 2012). Der Journalismus und der Zusammenhang „von Journalismus und Gesellschaft für den Sozialisationsprozess der Moderne" (Birkner, 2012, S. 33) wurde für das 20. Jahrhundert bisher jedoch nur randständig behandelt (Birkner, 2023; Frei & Schmitz, 2014).

Während die Geschichten von Einzelmedien lange im Zentrum des medienhistorischen Interesses der Geschichtswissenschaft standen, werden Institutionengeschichten einzelner Zeitungen bis auf wenige Ausnahmen (u.a. Flemming, 2019) heute nur noch selten vorgelegt, obgleich noch immer große zeithistorische Forschungsdesiderate existieren. Der von Bösch & Vowinckel (2012) formulierte Befund, es fehle an einer quellenfundierten Geschichte von zentralen Medien wie *Bild* und *Spiegel*, obwohl die herausragende Stellung dieser Medien für die Geschichte der Bundesrepublik unverkennbar sei, hat seine Gültigkeit bis heute nicht verloren; schließlich sind beide Medien bisher nur unter Einzelaspekten untersucht worden (u.a. Birkner & Mallek, 2020; Führer, 2008; Lilienthal, 2022). Jüngst wurde dieses Desiderat in Form einer Geschichte der *Frankfurter Allgemeinen Zeitung (FAZ)* von Peter

Hoeres (2019) für ein anderes zentrales Medium bearbeitet. Diese Geschichte der *FAZ* entstand innerhalb eines größeren, durch die Deutsche Forschungsgemeinschaft (DFG) geförderten Drittmittelprojektes, welches unter der Leitung von Hoeres am Institut für Geschichte der Julius-Maximilians-Universität Würzburg durchgeführt wurde und neben der Gesamtdarstellung auch Dissertationen zu verschiedenen Ressorts hervorgebracht hat (Kutzner, 2019; Narz, 2022; Schulz, 2023).

Ein Bereich, der innerhalb der Geschichtswissenschaft bezogen auf Zeitungsforschung in der jüngeren Vergangenheit besonders hervorsticht, ist die frühneuzeitliche Presseforschung, die die periodische, aber auch die nicht-periodische Publizistik, wie etwa Flugblätter, intensiv untersucht und insbesondere seit der Jahrtausendwende erheblich an Umfang zugenommen hat (Bellingradt, 2011, 2014; Blome & Böning, 2008; Tschopp, 2015). So wurden in diesem Bereich auch die von der Kommunikationswissenschaft und der Zeitungswissenschaft – bis auf wenige Ausnahmen (Stöber, 2014; Wilke, 2008) – kaum behandelten frühen publizistischen Medien und Periodika-Anfänge wie Messrelationen, Zeitungsextrakte und die geschriebenen Zeitungen als Forschungsgegenstände etabliert und so in das wissenschaftliche Blickfeld zurückgeführt (Bellingradt, 2014; Keller, 2016; Körber, 2009; Rosseaux, 2004). Doch auch Zeitungen sowie Zeitschriften stehen im Fokus der frühneuzeitlichen Presseforschung, beispielsweise in Forschungsarbeiten von Susanne Lachenicht (2001, 2005) sowie Johannes Arndt und Esther-Beate Körber (2020).

Obwohl insbesondere an der Deutschen Presseforschung in Bremen essenzielle Grundlagenforschung in diesem Bereich geleistet wurde, wurde das Institut durch eine „radikale[] De-Institutionalisierung" (Averbeck-Lietz, 2021, S. 21) zusehends „in die wissenschaftliche Bedeutungslosigkeit" (Bellingradt, 2014, S. 235) abgewickelt, was in der Folge zu einer Verminderung von Forschungskapazitäten führte (Wilke, 2020). Das Institut für Zeitungsforschung in Dortmund ist gegenwärtig die einzige Institution in Deutschland, an welcher Forschung über Zeitungen im Zentrum steht. Die weitere pressehistorische Forschung findet dezentral statt und wird neben anderen Forschungsaktivitäten, die mitunter erheblich im Vordergrund stehen, an verschiedensten Institutionen durchgeführt (siehe hierzu das Verzeichnis S. 65–90). Seit 2022 wird am Institut für Europäische Kulturgeschichte der Universität Augsburg in Kooperation mit der Stiftung Deutsches Zeitungsmuseum und der Stadt Augsburg das Projekt Historische Presseforschung betrieben, um der Dezentralisierung der pressehistorischen Forschung entgegenzuwirken (Universität Augsburg, 2022).

6.2 Mediengeschichtliche Rezensionen in H-Soz-Kult

Auch wenn die Geschichtswissenschaft gewissermaßen das medienhistorische Erbe der Kommunikationswissenschaft angetreten hat, wie Bösch (2016) betont, ist eine Institutionalisierung der medienhistorischen Forschung in der Geschichtswissenschaft in Form einer eigenen Fachzeitschrift bisher ausgeblieben, sodass Beiträge mit einer medienhistorischen Fokussierung verstreut in verschiedenen Publikationsorganen des Faches erscheinen (Bösch, 2019). Primär in der Kommunikationswissenschaft verortete, etablierte Periodika wie *Medien & Zeit* sowie das *Jahrbuch für Kommunikationsgeschichte* – gegründet, um „kommunikationsgeschichtliche Forschungsergebnisse einer breiten Öffentlichkeit in der Kommunikationswissenschaft und über die Fachgrenzen hinweg" (Böning et al., 1999, S. V) zu präsentieren – sind vielen Wissenschaftler:innen selbst innerhalb der Kommunikationswissenschaft ohne historischen Schwerpunkt oft nur wenig bekannt (Averbeck-Lietz, 2021). Dennoch verdeutlichen insbesondere die Rezensionsteile von Fachzeitschriften eindrucksvoll, wie stark das Interesse an mediengeschichtlichen Fragestellungen in der Geschichtswissenschaft zugenommen hat. Bösch (2011) untermauert diesen Befund durch eine Analyse des Rezensionsteils des Online-Portals H-Soz-Kult: In diesem Rahmen wurde die Entwicklung der mediengeschichtlichen Rezensionen zwischen 1997 und 2009 untersucht und aufgezeigt, dass die Anzahl der Rezensionen von lediglich fünf entsprechenden Titeln im Jahr 2000 auf 85 im Jahr 2009 angestiegen ist. Im Jahr 2009 waren über sechs Prozent der rezensierten Bücher dem Bereich ‚Mediengeschichte' zuzuordnen, wie Bösch (2011, S. 21) betont. Für die vorliegende Studie wurde Böschs Untersuchung bis Ende 2023 fortgeführt. Bis zum 31.12.2023 wurden insgesamt N = 19.730 Rezensionen veröffentlicht, von denen 1.680 der Mediengeschichte zuzuordnen sind, was einem Anteil von 8,51 % entspricht. Für 1997 ist ein, verglichen mit den unmittelbaren Folgejahren, sehr hoher Anteil von 9,09 % zu erkennen. Dies ist dadurch zu erklären, dass für dieses Jahr insgesamt nur 55 Rezensionen nachweisbar waren, wohingegen im Untersuchungszeitraum im Mittel 730 Rezensionen pro Jahr erschienen sind. Die Ergebnisse zeigen zudem, dass bereits 2010 erstmalig über 100 mediengeschichtliche Rezensionen veröffentlicht wurden, was einem Anteil von 10,75 % entspricht. Seitdem liegt die Anzahl der Rezensionen kontinuierlich zwischen 8,42 % und 12,58 %. Das von Bösch festgestellte „breite Interesse an diesem Themenfeld" (Bösch, 2011, S. 21) hat also nach 2010 erneut zugenommen.

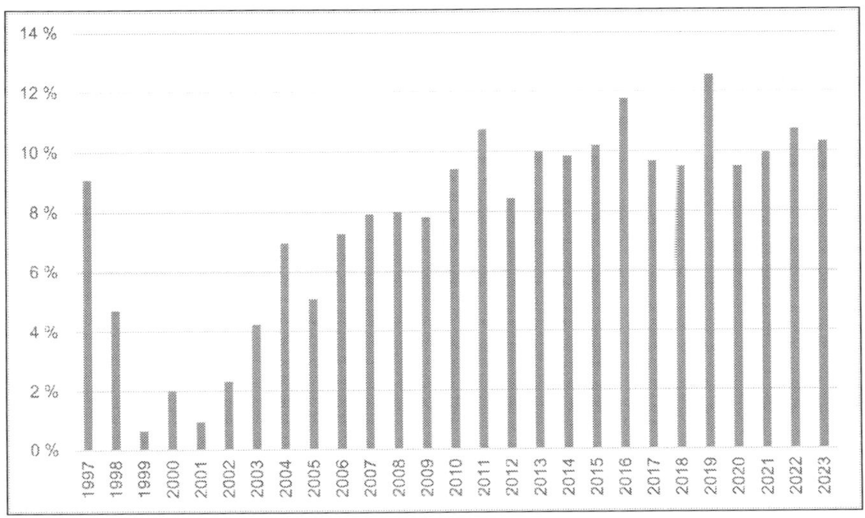

Abb. 2: Anteil der mediengeschichtlichen Buchrezensionen in H-Soz-Kult, 1997–2023

7. Zeitungsforschung in anderen Disziplinen

Die Erforschung von Printmedien ist keineswegs auf die Disziplinen Kommunikations- und Geschichtswissenschaft beschränkt, sondern erstreckt sich über eine Vielzahl weiterer akademischer Felder. Dazu zählt die Germanistik ebenso wie die Linguistik und die Literaturwissenschaft (Pfefferkorn et al., 2017; Pompe, 2012). So hat sich seit den 1970er Jahren eine literaturwissenschaftliche Feuilletonforschung als Forschungszweig etabliert, auch wenn es sich hierbei um ein eher randständiges Forschungsgebiet handelt (Kernmayer & Jung, 2017; siehe auch Todorow, 1997, 2000). Damit wurde das Feuilleton als Forschungsgegenstand von der Publizistikwissenschaft, die sich zwar ursprünglich der Feuilletonforschung widmete (u. a. Haacke, 1943), aber sich „mit dem Auslaufen der älteren zeitungswissenschaftlichen Schulen" (Kernmayer & Jung, 2017, S. 20) kaum noch mit dem Feuilleton beschäftigt hat, adaptiert und weitergeführt (Jäger, 1988; Kauffmann & Schütz, 2000).

Darüber hinaus wird auch in den Wirtschaftswissenschaften zu Printmedien geforscht, wobei in diesem Kontext Zeitungen und Zeitungsverlage überwiegend aus betriebswirtschaftlicher Perspektive betrachtet werden (Kolo, 2019). Dabei stehen unter anderem strategische Überlegungen im Mittelpunkt, die die Frage beleuchten, wie sich Zeitungsverlage positionieren können, um in Zukunft wettbewerbsfähig zu bleiben. Ein wesentlicher Aspekt dieser Untersuchungen ist die Erforschung der Auswirkung der Digitalisierung auf die Medienindustrie. Dabei wird insbesondere analysiert, wie diese tiefgreifenden technologischen Transformationen die Geschäfts- und Betriebsmodelle von Zeitungsverlagen beeinflussen (Schwarzer, 2013; Schwarzer & Spitzer, 2013, 2015). Dies umfasst Analysen der langfristigen Anpassungsfähigkeit der Verlage an die sich verändernden gesellschaftlichen Bedürfnisse und die Herausforderungen der Medienkonvergenz (Breyer-Mayländer, 2015; Breyer-Mayländer & Fuhrmann, 2001; Friedrichsen, 2010; Kolo, 2014). Ferner werden Aspekte des Verlags- und Medienmarketings untersucht (Breyer-Mayländer, 2023; Breyer-Mayländer & Seeger,

2006; Hillebrecht, 2015; Wiedmann et al., 2006), wodurch diese Forschungsarbeiten ein tiefgreifendes Verständnis der ökonomischen Herausforderungen und Chancen in der Zeitungsbranche leisten.

Auch in anderen Fächern wie beispielsweise der (Katholischen) Theologie findet mitunter Forschung zu Zeitungen, in diesem Fall mit einer spezifischen Schwerpunktsetzung im Bereich der katholischen Presse (Bock, 2015), statt; gleichwohl kann an diesen Stellen nicht von institutionalisierter Zeitungsforschung gesprochen werden. Denn innerhalb dieser Fachrichtungen wird die Zeitungsforschung gemeinhin als ein ergänzender Forschungsbereich angesehen, welcher anderen Forschungsinteressen mitunter deutlich nachgeordnet ist. Dies wird im Kontext der Zeitschriftenforschung von Madleen Podewski (2018) in Bezug auf die Literaturwissenschaft expliziert. Sie betont, dass das Interesse eher dem sozialen Umfeld, im Sinne des Sozialsystems, als den Zeitschriften selbst gilt, wobei Zeitschriften – und analog dazu Zeitungen – traditionell „nie ein Kern- oder Prestigeobjekt" (Podewski, 2018, S. 3) der geistes- und kulturwissenschaftlichen Forschungen waren. Die fortschreitende Digitalisierung hat, wie bereits beschrieben, jedoch dazu beigetragen, dass sowohl Zeitschriften als auch Zeitungen zunehmend in den Fokus kulturwissenschaftlicher Untersuchungen rücken. Digitalisierte Periodika sind inzwischen für ein breites Spektrum disziplinübergreifender Fragestellungen so relevant geworden, „dass sich durchaus schon von einem Boom sprechen lässt" (Podewski, 2018, S. 1).

Insbesondere in der Computerlinguistik fungieren Zeitungen als essenzielle Datengrundlage für die Entwicklung von Sprachmodellen, wie etwa beim TIGER Corpus, der in spaCy, einer Bibliothek für die automatisierte Textanalyse mittels Natural Language Processing (NLP) für Python, verwendet wird und auf Textmaterial der *Frankfurter Rundschau* basiert (Brants et al., 2004).

Trotz des Befundes, dass Zeitungen und Zeitungsinhalte als Quellen – maßgeblich vorangetrieben durch den Prozess der Digitalisierung – immer häufiger zur Beantwortung diverser Fragestellungen von verschiedenen wissenschaftlichen Disziplinen herangezogen werden, führen die Digitalisierungsinitiativen nicht in gleichem Maße zu einer verstärkten Forschung über das Medium Zeitung selbst. Printmedien werden durch die Digitalisierung nicht selbst zu Forschungsobjekten, vielmehr seien sie, so Podewski (2018, S. 3), „Medium in einem recht konservativen Verständnis: ein Behälter, aus dem sich das jeweils Interessante [...] zumeist bedenkenlos und im wörtlich zu nehmenden Sinne herausreißen lässt".

Zusätzlich werden zahlreiche Impulse im Bereich der Zeitungsforschung von außeruniversitären Institutionen und Einzelpersonen gesetzt (Wilke, 1999). Da anhand der vor Ort vorhandenen Sammlungen und Quellen sowohl empirische als auch theoretische Fragestellungen bearbeitet werden können, spielen insbesondere Archive und Bibliotheken eine maßgebliche Rolle. Als weiteres Beispiel sind die Arbeiten von (ehemaligen) Journalist:innen zu nennen. So hat etwa Kurt Kister, der ehemalige Chefredakteur der *Süddeutschen Zeitung*, anlässlich des 75. Geburtstags der Zeitung zusammen mit Joachim Käppner, dem leitenden Redakteur Innenpolitik, einen Band zur Geschichte der *Süddeutschen Zeitung* herausgegeben (Kister & Käppner, 2020). Eine Geschichte ‚ihrer' *Frankfurter Rundschau* haben auch der Journalist Richard Meng und Thomas Kaspar als Chefredakteur vorgelegt (Meng & Kaspar, 2021). Dieses Vorgehen ist keineswegs auf große, überregionale Zeitungen beschränkt, sondern auch bei kleineren Regionalzeitungen zu erkennen (siehe hierzu u. a. Dahl, 2017). Dennoch sind diese Arbeiten von der akademischen, hier diskutierten Zeitungsforschung zu unterscheiden, da es sich hierbei um Inhouse-Veröffentlichungen und somit bis zu einem gewissen Grad auch um Öffentlichkeitsarbeit beziehungsweise Werbung handelt.

8. Fazit

Die zunehmende Entfernung der Kommunikationswissenschaft vom ursprünglichen Materialobjekt Zeitung lässt sich einerseits mit der

Ausdifferenzierung des Mediensystems und der damit einhergehenden Expansion von Untersuchungsgegenständen erklären, womit „unweigerlich ein Bedeutungsverlust jenes Mediums, das am Anfang dieser Wissenschaft gestanden hatte" (Wilke, 2016, S. 80) einherging. Andererseits ist dieser Prozess auf die fachgeschichtliche Entwicklung „von einem Spezialfach zur Integrationsdisziplin" (Beiler & Bigl, 2017a) mit einer weitreichenden Diffusion in andere Wissenschaftszweige (Hasebrink, 2017; Wilke, 2016) zurückzuführen. Seit der empirisch-sozialwissenschaftlichen Neuorientierung hat sich das Fach in Bezug auf Untersuchungsgegenstände, theoretische Ansätze und methodische Zugänge erheblich weiterentwickelt und sich somit vom „Nukleus der Zeitungskunde" (Beiler & Bigl, 2017a, S. 12) entfernt (Altmeppen et al., 2013). Forschungen über Zeitungen in einer historischen Perspektive haben in der Kommunikationswissenschaft deutlich an Relevanz verloren. Doch auch wenn sich die Disziplin, bedingt durch verschiedene Paradigmenwechsel, zunehmend von den primär historisch-normativen zeitungswissenschaftlichen und schließlich auch von älteren publizistikwissenschaftlichen Traditionen entfernt hat, ist die aktuelle Presse als Quelle für die kommunikationswissenschaftliche Forschung von enormer Bedeutung. Zudem hat die Journalismusforschung auf einer allgemeineren Ebene insbesondere in der jüngeren Vergangenheit – vor allem auch angesichts fundamentaler gesellschaftlicher Krisensituationen – erheblich an Relevanz gewonnen. Dabei fokussiert das Fach jedoch nicht nur die gedruckte Presse, sondern in zunehmendem Maße auch digitale und Online-Medien.

Während sich die Kommunikationswissenschaft inzwischen vor allem auf gegenwartsbezogene Medien- und Zeitungsinhalte konzentriert, hat die Geschichtswissenschaft ihre Zurückhaltung gegenüber publizistischen Quellen inzwischen so weit gelockert, dass sich die Mediengeschichte zu einem fruchtbaren Forschungsfeld entwickelt hat. Dies geschah insbesondere im Rahmen einer allgemeinen geisteswissenschaftlichen Öffnung für mediale Perspektiven und Fragestellungen, bedingt durch die zunehmende gesamtgesellschaftliche Relevanz der Medien für die Formierung von Öffentlichkeiten sowie durch den sogenannten ‚Cultural Turn'. Im Zuge dieses kulturgeschichtlichen Paradigmenwechsels wurde zum einen die Populärkultur zum Forschungsgegenstand der Geschichtswissenschaft; zum anderen setzte sich auch die Erkenntnis durch, dass Diskurse und Wahrnehmungen medial geprägt und vermittelt werden (Bösch, 2019).

Die Ausdifferenzierung des Mediensystems und das Aufkommen ‚neuer' Medienformen haben in der Kommunikationswissenschaft dazu geführt, dass die Zeitung als Forschungsgegenstand aus dem Fokus des Fachs zunehmend verdrängt wurde, während in der Geschichtswissenschaft ein gegensätzlicher Prozess zu beobachten ist: Insbesondere durch die Etablierung des Internets und der computervermittelten Kommunikation wurden (gedruckte) Zeitungen als ‚alte' Medien historisiert, was eine verstärkte historische Auseinandersetzung mit diesen Medien nach sich zog (Bösch, 2019). In diesem Sinne lässt sich von einer ‚Transformationsgeschichte' statt von einer ‚Verlustgeschichte' der pressehistorischen Forschung sprechen. Dies kann als wissenschaftsimmanenter Prozess verstanden werden, bei dem ein Forschungsgegenstand von einer akademischen Disziplin, die sich durch fachinterne Paradigmenwechsel als Ergebnis wissenschaftlicher Revolutionen und externer Einflüsse von diesem Gegenstand entfernt hat, gewissermaßen an eine andere Disziplin ‚übergeben' beziehungsweise von dieser ‚übernommen' und nun im Kontext der eigenen Fachlogiken mit eigenem Erkenntnisinteresse betrachtet wird. Nachdem die Medienwissenschaft „die ästhetischen Probleme der Medien, die Formen der Fiktion, der Unterhaltung" (Hickethier, 2000, S. 38) von der ehemaligen Publizistikwissenschaft übernommen hat, sodass es „zwischen den Wissenschaften zu einer neuen Arbeitsteilung" (ebd., S. 39) kam, widmet sich in einem ähnlichen Prozess nun statt der Kommunikations- vor allem die Geschichtswissenschaft der historischen Presse- und Zeitungsforschung und tritt so „in gewisser Weise ihr medienhistorisches Erbe an" (Bösch, 2016, S. 16). Insbesondere anhand der frühneuzeitlichen Presseforschung wird jedoch deutlich, dass auch Schwerpunkte, die in anderen Disziplinen kaum behandelt wurden – wie in diesem Fall die Periodika-Anfänge sowie die ‚frühen' publizistischen Medien – als Forschungsgegenstände in der Geschichtswissenschaft etabliert wurden.

Da wissenschaftliche Disziplinen fortwährend einem gewissen Anpassungsdruck durch gesellschaftliche Entwicklungen ausgesetzt sind, wird sich der gegenwärtige Status quo der Forschung *über* und der Forschung *mit* Zeitungen an die sich verändernden Fachlogiken anpassen (Löblich, 2010b). So wird es auch Aufgabe zukünftiger zeitungswissenschaftlicher Forschungsaktivitäten sein – gegebenenfalls unter Einsatz methodischer Zugänge aus dem Bereich der Computational Methods – zu erforschen, inwiefern digitalisierte Zeitungen, Online-Medien und die sie umgebenden Infrastruktururen neue Wege für eine innovative (digitale) Zeitungsforschung eröffnen können, welche sich auf die Zeitungen selbst sowie ihre spezifischen Kontexte und Entwicklungsverläufe konzentriert (siehe hierzu Koenen, 2018; Koenen et al., 2022).

9. Literatur

Altmeppen, K.-D. (2000). Online-Medien: Das Ende des Journalismus!? In K.-D. Altmeppen, H.-J. Bucher, & M. Löffelholz (Hrsg.), *Online-Journalismus* (S. 123–138). VS Verlag für Sozialwissenschaften. https://doi.org/10.1007/978-3-322-87328-6_7

Altmeppen, K.-D., Franzetti, A., & Kössler, T. (2013). Das Fach Kommunikationswissenschaft: Vorschlag einer Systematisierung auf empirischer Grundlage. *Publizistik, 58*(1), 45–68. https://doi.org/10.1007/s11616-012-0166-5

Altmeppen, K.-D., Greck, R., & Evers, T. (2023). Journalismus, Medien, Plattformen – organisationstheoretisch betrachtet. In K. Meier & C. Neuberger (Hrsg.), *Journalismusforschung: Stand und Perspektiven* (S. 61–89). Nomos.

Altmeppen, K.-D., Weigel, J., & Gebhard, F. (2011). Forschungslandschaft Kommunikations- und Medienwissenschaft: Ergebnisse der ersten Befragung zu den Forschungsleistungen des Faches. *Publizistik, 56*(4), 373–398. https://doi.org/10.1007/s11616-011-0132-7

Arndt, J., & Körber, E.-B. (2020). *Periodische Presse in der Frühaufklärung (1700–1750). Ein Vergleich zwischen Deutschland, Frankreich und den Niederlanden. Bd. I-II.* edition lumière.

Averbeck, S. (2001). Die Emigration der Zeitungswissenschaft nach 1933 und der Verlust sozialwissenschaftlicher Perspektiven in Deutschland. *Publizistik, 46*(1), 1–19.

Averbeck, S., & Kutsch, A. (2002). Thesen zur Geschichte der Zeitungs- und Publizistikwissenschaft 1900–1960. *Medien & Zeit, 17*(2–3), 57–66.

Averbeck-Lietz, S. (2021). Kommunikationsgeschichte in Zeiten ihrer »Verlustgeschichte« als Herausforderung kommunikationswissenschaftlicher Forschung und Lehre. *Jahrbuch für Kommunikationsgeschichte, 23,* 17–26.

Barberi, A., & Pircher, W. (2003). Editorial: Historische Medienwissenschaft. *Österreichische Zeitschrift für Geschichtswissenschaft, 14*(3), 5–11.

Bartelt-Kircher, G., Bohrmann, H., Haas, H., Jarren, O., Pöttker, H., & Weischenberg, S. (Hrsg.). (2010). *Krise der Printmedien: Eine Krise des Journalismus?* De Gruyter Saur. https://doi.org/10.1515/9783110231083

Beiler, M., & Bigl, B. (2017a). 100 Jahre Kommunikationswissenschaft in Deutschland – Von einem Spezialfach zur Integrationsdisziplin. In M. Beiler & B. Bigl (Hrsg.), *100 Jahre Kommunikationswissenschaft in Deutschland. Von einem Spezialfach zur Integrationsdisziplin* (S. 11–32). Halem.

Beiler, M., & Bigl, B. (Hrsg.). (2017b). *100 Jahre Kommunikationswissenschaft in Deutschland. Von einem Spezialfach zur Integrationsdisziplin.* Halem.

Bellingradt, D. (2011). *Flugpublizistik und Öffentlichkeit um 1700: Dynamiken, Akteure und Strukturen im urbanen Raum des Alten Reiches*. F. Steiner.

Bellingradt, D. (2014). Forschungsbericht: Periodische Presse im deutschen Sprachraum der Frühen Neuzeit. *Archiv für Geschichte des Buchwesens, 69*, 235–248.

Benedikt, K.-U. (1986). Das Berliner Institut für Zeitungskunde/Zeitungswissenschaft. In R. Vom Bruch & O. B. Roegele (Hrsg.), *Von der Zeitungskunde zur Publizistik. Biographisch-institutionelle Stationen der deutschen Zeitungswissenschaft in der ersten Hälfte des 20. Jahrhunderts* (S. 105–142). Haag + Herchen.

Bichler, R. (1989). Schlußbetrachtungen: Zur Veränderung der deutschen Geschichtswissenschaft in den sechziger Jahren. Statements. In E. Schulin (Hrsg.), *Deutsche Geschichtswissenschaft nach dem Zweiten Weltkrieg (1945–1965)* (S. 285–286). Oldenbourg.

Birkner, T. (2012). *Das Selbstgespräch der Zeit. Die Geschichte des Journalismus in Deutschland 1605–1914*. Halem.

Birkner, T. (2023). Journalismusgeschichte und Journalismusforschung. In K. Meier & C. Neuberger (Hrsg.), *Journalismusforschung: Stand und Perspektiven* (S. 293–309). Nomos.

Birkner, T., Koenen, E., & Schwarzenegger, C. (2018). A century of journalism history as challenge: Digital archives, sources, and methods. *Digital Journalism, 6*(9), 1121–1135. https://doi.org/10.1080/21670811.2018.1514271

Birkner, T., & Mallek, S. (2020). The Spiegel Affair, 1962. The incident that changed German journalism history and mediatized politics. In E. C. Tandoc, J. Jenkins, R. J. Thomas, & O. Westlund (Hrsg.), *Critical Incidents in Journalism* (S. 203–215). Routledge. https://doi.org/10.4324/9781003019688-21

Birkner, T., & Scheu, A. (2019). Konflikte, Theorien, Perspektiven – Forschung zur Fachgeschichte. Werkstattbericht aus einem Forschungsseminar zu 100 Jahren Kommunikationswissenschaft in Münster. *Medien & Zeit, 34*(1), 57–64.

Birkner, T., & Schwarzenegger, C. (2016). Debatte: 100 Jahre Kommunikationswissenschaft in Deutschland. *Aviso, 62*, 2–10.

Blome, A. (2023). Zeitungen und Zeitungssammlungen. In S. Daniel, W. Enderle, R. Hohls, T. Meyer, J. Prellwitz, C. Prinz, A. Schuhmann, & S. Schwandt (Hrsg.), *Clio Guide – Ein Handbuch zu digitalen Ressourcen für die Geschichtswissenschaften* (3. erw. und aktualisierte Aufl.). https://doi.org/10.60693/s2b3-h822

Blome, A., & Böning, H. (Hrsg.). (2008). *Presse und Geschichte: Leistungen und Perspektiven der historischen Presseforschung*. edition lumière.

Bock, F. (2015). *Der Fall „Publik". Katholische Presse in der Bundesrepublik Deutschland um 1968*. Ferdinand Schöningh.

Boczek, K., & Hase, V. (2020). Technische Innovation, theoretische Sackgasse? Chancen und Grenzen der automatisierten Inhaltsanalyse in Lehre und Forschung. In J. Schützeneder, K. Meier, & N. Springer (Hrsg.), *Neujustierung der Journalistik/Journalismusforschung in der digitalen Gesellschaft: Proceedings zur Jahrestagung der Fachgruppe Journalistik/Journalismusforschung der Deutschen Gesellschaft für Publizistik- und Kommunikationswissenschaft 2019* (S. 117–128). Deutsche Gesellschaft für Publizistik- und Kommunikationswissenschaft. https://doi.org/10.21241/ssoar.70828

Bødker, H., & Morris, H. E. (Hrsg.). (2021). *Climate Change and Journalism. Negotiating Rifts of Time*. Routledge.

Bohrmann, H. (1987). Die Erforschung von Zeitung und Zeitschrift in Deutschland. In W. Arnold, W. Dittrich, & B. Zeller (Hrsg.), *Die Erforschung der Buch- und Bibliotheksgeschichte in Deutschland* (S. 346–358). Harrassowitz.

Bohrmann, H. (2002). Als der Krieg zu Ende war. Von der Zeitungswissenschaft zur Publizistik. *Medien & Zeit, 17*(2–3), 12–33.

Bohrmann, H. (2010). Das Jahr 1945 als personeller und institutioneller Wendepunkt von der Zeitungs- zur Publizistikwissenschaft. In T. Eberwein & D. Müller (Hrsg.), *Journalismus und Öffentlichkeit. Eine Profession und ihr gesellschaftlicher Auftrag* (S. 483–505). VS Verlag für Sozialwissenschaften / GWV Fachverlage.

Böning, H., Kutsch, A., & Stöber, R. (1999). Vorwort. *Jahrbuch für Kommunikationsgeschichte, 1*, V–VI.

Bösch, F. (2011). Mediengeschichte der Moderne: Zugänge, Befunde und deutsche Perspektiven. *Bohemia, 51*(1), 21–40.

Bösch, F. (2016). Zeitungen als historischer Gegenstand. Gesellschaftsgeschichtliche Zugänge. In C. Kuchler & B. Städter (Hrsg.), *Zeitungen von gestern für das Lernen von morgen? Historische Tagespresse im Geschichtsunterricht* (S. 15–30). V&R unipress.

Bösch, F. (2018a). Mediengeschichte. Archive und Online-Ressourcen für die Forschung. In L. Busse, W. Enderle, R. Hohls, T. Meyer, J. Prellwitz, & A. Schuhmann (Hrsg.), *Clio Guide. Ein Handbuch zu digitalen Ressourcen für die Geschichtswissenschaften*. Clio-online. https://doi.org/10.14765/zzf.dok.1.681

Bösch, F. (Hrsg.). (2018b). *Wege in die digitale Gesellschaft: Computernutzung in der Bundesrepublik 1955-1990*. Wallstein Verlag.

Bösch, F. (2019). *Mediengeschichte. Vom asiatischen Buchdruck zum Computer*. Campus Verlag.

Bösch, F., & Vowinckel, A. (2012). Mediengeschichte, Version: 2.0. *Docupedia-Zeitgeschichte*. https://doi.org/10.14765/ZZF.DOK.2.256.V2

Brants, S., Dipper, S., Eisenberg, P., Hansen-Schirra, S., König, E., Lezius, W., Rohrer, C., Smith, G., & Uszkoreit, H. (2004). TIGER: Linguistic Interpretation of a German Corpus. *Research on Language and Computation, 2*(4), 597–620. https://doi.org/10.1007/s11168-004-7431-3

Breyer-Mayländer, T. (Hrsg.). (2015). *Vom Zeitungsverlag zum Medienhaus: Geschäftsmodelle in Zeiten der Medienkonvergenz*. Springer Fachmedien Wiesbaden. https://doi.org/10.1007/978-3-658-04100-7

Breyer-Mayländer, T. (2023). Neues Zusammenspiel zwischen Marketing und Vertrieb am Beispiel des Verlagswesens. In A. Krämer, R. Kalka, & W. Merkle (Hrsg.), *Stammkundenbindung versus Neukundengewinnung* (S. 231–251). Springer Fachmedien Wiesbaden. https://doi.org/10.1007/978-3-658-40363-8_12

Breyer-Mayländer, T., & Fuhrmann, H.-J. (Hrsg.). (2001). *Erfolg im neuen Markt: Online-Strategien für Zeitungsverlage*. BDZVplus.

Breyer-Mayländer, T., & Seeger, C. (2006). *Medienmarketing*. Vahlen.

Brinkmann, J. (2018). *Verlagspolitik in der Zeitungskrise: Theorien, Strukturen, Strategien*. Nomos. https://doi.org/10.5771/9783845288819

Budzislawski, H. (1966). *Sozialistische Journalistik. Eine wissenschaftliche Einführung*. Bibliographisches Institut.

Bunout, E., Ehrmann, M., & Clavert, F. (Hrsg.). (2023). *Digitised Newspapers – A new Eldorado for Historians? Reflections on Tools, Methods and Epistemology*. De Gruyter.

Buschow, C., Weber, J., & Will, A. (2023). *News-Aggregatoren, Abonnement-basierte Plattformen, Online-Kioske: Marktanalyse und Geschäftsmodelle journalistischer Plattformen. Studie im Auftrag der medienanstalten*. https://doi.org/10.22032/DBT.59444

Crivellari, F., & Sandl, M. (2003). Die Medialität der Geschichte. Forschungsstand und Perspektiven einer interdisziplinären Zusammenarbeit von Geschichts- und Medienwissenschaften. *Historische Zeitschrift, 277*(1), 619–654. https://doi.org/10.1524/hzhz.2003.277.jg.619

Dahl, M. (2017). *Die Geschichte der Lippischen Landes-Zeitung*. Lippischer Heimatbund.

Deger, R., & Sembritzki, T. (2020). Binnendifferenzierung der Professur. Interdisziplinäre Analysen zu Hochschulrecht und hochschulischer Praxis. *LCSS Working Paper, 3*(4). https://doi.org/10.15488/9757

Deutsche Gesellschaft für Publizistik- und Kommunikationswissenschaft. (o. J.). *Institute im deutschsprachigen Raum*. Abgerufen

29. Februar 2024, von https://www.dgpuk.de/de/service/institute-im-deutschsprachigen-raum

Deutsche Gesellschaft für Publizistik- und Kommunikationswissenschaft. (2008). *Kommunikation und Medien in der Gesellschaft: Leistungen und Perspektiven der Kommunikations- und Medienwissenschaft. Selbstverständnispapier der Deutschen Gesellschaft für Publizistik- und Kommunikationswissenschaft, verabschiedet am 01. Mai 2008*. https://www.dgpuk.de/de/ueber-die-dgpuk/selbstverstaendnis-der-dgpuk

Deutsche Gesellschaft für Publizistik- und Kommunikationswissenschaft. (2012). *Protokoll der Mitgliederversammlung vom 17.05.2012.*

Deutsche Gesellschaft für Publizistik- und Kommunikationswissenschaft. (2024). *Protokoll der Mitgliederversammlung der DGPuK vom 15.03.2024.*

Döring, N. (2003). Virtuelle Identitäten – Cyber-Beziehungen – Online-Gemeinschaften? Medienpsychologie im Internet-Zeitalter. In M. Löffelholz & T. Quandt (Hrsg.), *Die neue Kommunikationswissenschaft. Theorien, Themen und Berufsfelder im Internet-Zeitalter. Eine Einführung* (S. 235–254). Westdeutscher Verlag.

Dovifat, E. (1931). *Zeitungswissenschaft. Bd. I: Allgemeine Zeitungslehre*. De Gruyter.

Duchkowitsch, W., Hausjell, F., & Semrad, B. (Hrsg.). (2004). *Die Spirale des Schweigens. Zum Umgang mit der nationalsozialistischen Zeitungswissenschaft*. Lit.

Eberhard Karls Universität Tübingen. (2024). *Lehrstühle des Instituts für Medienwissenschaft*. https://uni-tuebingen.de/fakultaeten/philosophische-fakultaet/fachbereiche/philosophie-rhetorik-medien/institut-fuer-medienwissenschaft/institut/lehrstuehle/

Ehrmann, M., Düring, M., Neudecker, C., & Doucet, A. (2023). Computational Approaches to Digitised Historical Newspapers. *Dagstuhl Reports, 12*(7), 112–179.

Erbrich, L., Wellbrock, C.-M., Lobigs, F., & Buschow, C. (2024). Bundling Digital Journalism: Exploring the Potential of Subscription-Based Product Bundles. *Media and Communication, 12*, 7442. https://doi.org/10.17645/mac.7442

Erdogan, J. G. (2021). *Avantgarde der Computernutzung. Hackerkulturen der Bundesrepublik und der DDR*. Wallstein.

Everth, E. (1928). Was ist Zeitungswissenschaft? *Zeitungs-Verlag, 29*(35), 1873–1880.

Faulstich, W. (1997). *Medien und Öffentlichkeiten im Mittelalter: 800–1400.* Vandenhoeck & Ruprecht.

Flemming, J. (2019). *Die Madsacks und der „Hannoversche Anzeiger": Eine bürgerliche Grossstadtzeitung zwischen Kaiserreich und Nationalsozialismus, 1893–1945*. Wallstein.

Forschungsverbund „Das mediale Erbe der DDR. Akteure, Aneignung, Tradierung". (o. J.). *Ein „Leib-und-Magen-Blatt" für den Osten. Der Aufstieg der SuperIllu*. Abgerufen 28. Februar 2024, von https://medienerbe-ddr.de/index.php/superillu/

Frei, N., & Schmitz, J. (2014). *Journalismus im Dritten Reich*. Beck.

Freie Universität Berlin. (2023, Juli 17). *Neues Projekt am 1. Juli 2023 gestartet: „Die Berliner Zeitung als ostdeutscher Identitätsanker?"* https://www.polsoz.fu-berlin.de/kommwiss/arbeitsstellen/kommunikationsgeschichte/news/Mediales-Erbe-Foerderphase-II.html

Friedrichsen, M. (Hrsg.). (2010). *Medienzukunft und regionale Zeitungen. Der lokale Raum in der digitalen und mobilen Medienwelt*. Nomos.

Führer, K. C. (1996). Auf dem Weg zur „Massenkultur"? Kino und Rundfunk in der Weimarer Republik. *Historische Zeitschrift*, *262*(3), 739–781.

Führer, K. C. (2008). *Erfolg und Macht von Axel Springers „Bild"-Zeitung in den 1950er-Jahren*. https://doi.org/10.14765/ZZF.DOK-1900

Fürst, S., Vogler, D., Sörensen, I., Schäfer, M. S., & Eisenegger, M. (2020). Wirklich irrelevant? Sichtbarkeit und thematische Einordnung der Medien- und Kommunikationswissenschaft in Schweizer Medien. *Publizistik*, *65*(4), 545–566. https://doi.org/10.1007/s11616-020-00601-8

Geppert, D. (2007). *Pressekriege. Öffentlichkeit und Diplomatie in den deutsch-britischen Beziehungen (1896–1912)*. Oldenbourg.

Greiling, W. (2017). *Verlagsstrategien zur Schulverbesserung und Volksbildung im 19. Jahrhundert: Gustav Friedrich Dinter und Johann Karl Gottfried Wagner*. Leipziger Universitätsverlag.

Greiner, F. (2014). *Wege nach Europa: Deutungen eines imaginierten Kontinents in deutschen, britischen und amerikanischen Printmedien, 1914–1945*. Wallstein Verlag.

Guratzsch, D. (1974). *Macht durch Organisation. Die Grundlegung des Hugenbergschen Presseimperiums*. Bertelsmann Universitätsverlag.

Haacke, W. (1943). *Feuilletonkunde. 2 Bände*. Hiersemann.

Haas, A. (2016). Hans-Bernd Brosius. In M. Meyen & T. Wiedemann (Hrsg.), *Biografisches Lexikon der Kommunikationswissenschaft*. Halem. http://blexkom.halemverlag.de/hans-bernd-brosius/

Habermas, J. (1962). Strukturwandel der Öffentlichkeit. Untersuchungen zu einer Kategorie der bürgerlichen Gesellschaft. Luchterhand.

Hagemann, W. (1947). *Grundzüge der Publizistik*. Regensberg.

Hagemann, W. (1951). Zum Geleit. In Institut für Publizistik an der Universität Münster (Hrsg.), *Publizistik als Wissenschaft. Sieben Beiträge für Emil Dovifat* (S. VII–VIII). Lechte.

Haim, M., Hase, V., Schindler, J., Bachl, M., & Domahidi, E. (2023). Editorial to the Special Issue: (Re)Establishing Quality Criteria for Content Analysis: A Critical Perspective on the Field's Core Method. *Studies in Communication and Media, 12*(4), 277–288. https://doi.org/10.5771/2192-4007-2023-4-277

Hanitzsch, T., & Engesser, S. (2014). Journalismusforschung als Integrationsdisziplin. In M. Karmasin, M. Rath, & B. Thomaß (Hrsg.), *Kommunikationswissenschaft als Integrationsdisziplin* (S. 137–157). Springer VS. https://doi.org/10.1007/978-3-531-19016-7

Hanitzsch, T., Hanusch, F., Ramaprasad, J., & De Beer, A. S. (Hrsg.). (2019). *Worlds of journalism: Journalistic cultures around the globe*. Columbia University Press.

Hanitzsch, T., Seethaler, J., & Wyss, V. (Hrsg.). (2019). *Journalismus in Deutschland, Österreich und der Schweiz*. Springer VS.

Hase, V. (2023). Automated Content Analysis. In F. Oehmer-Pedrazzi, S. H. Kessler, E. Humprecht, K. Sommer, & L. Castro (Hrsg.), *Standardisierte Inhaltsanalyse in der Kommunikationswissenschaft: Ein Handbuch – Standardized Content Analysis in Communication Research: A handbook* (S. 23–36). Springer VS.

Hase, V., Mahl, D., & Schäfer, M. S. (2022). Der „Computational Turn": Ein „interdisziplinärer Turn"? Ein systematischer Überblick zur Nutzung der automatisierten Inhaltsanalyse in der Journalismusforschung. *Medien & Kommunikationswissenschaft, 70*(1–2), 60–78. https://doi.org/10.5771/1615-634X-2022-1-2-60

Hasebrink, U. (2017). Wen oder was integriert die Kommunikationswissenschaft? In M. Beiler & B. Bigl (Hrsg.), *100 Jahre Kommunikationswissenschaft in Deutschland. Von einem Spezialfach zur Integrationsdisziplin* (S. 101–120). Halem.

Heim, G. (2023). Named Entity Recognition in Digitalen Sammlungen – Ein Werkstattbericht aus der Badischen Landesbibliothek. *Bibliotheksdienst, 57*(6), 364–375. https://doi.org/10.1515/bd-2023-0039

Hickethier, K. (2000). Binnendifferenzierung oder Abspaltung. Zum Verhältnis von Medienwissenschaft und Germanistik. Das „Hamburger Modell" der Medienwissenschaft. In H.-B. Heller, M. Kraus, T. Meder, K. Prümm, & H. Winkler (Hrsg.), *Über Bilder Sprechen. Positionen und Perspektiven der Medienwissenschaft* (S. 35–56). Schüren. https://mediarep.org/handle/doc/15117

Hickethier, K. (2010). *Einführung in die Medienwissenschaft* (2., aktualisierte und überarb. Aufl). Metzler.

Hillebrecht, S. W. (2015). *Marketing für Presseverlage: Eine Einführung* (3., überarb. Aufl.). LIT.

Hodenberg, C. von. (2006). *Konsens und Krise. Eine Geschichte der westdeutschen Medienöffentlichkeit 1945–1973*. Wallstein.

Hoeres, P. (2019). *Zeitung für Deutschland. Die Geschichte der FAZ*. Benevento.

Hoffmann, S. (2014). Medienbegriff. In J. Schröter (Hrsg.), *Handbuch Medienwissenschaft* (S. 13–20). Metzler.

Hurwitz, H. (1972). *Die Stunde Null der deutschen Presse: Die amerikanische Pressepolitik in Deutschland 1945–1949*. Verl. Wissenschaft und Politik.

Jaeger, K. (1926). *Von der Zeitungskunde zur publizistischen Wissenschaft*. Fischer.

Jäger, G. (1988). Das Zeitungsfeuilleton als literaturwissenschaftliche Quelle. Probleme und Perspektiven seiner Erschließung. In W. Martens (Hrsg.), *Bibliographische Probleme im Zeichen eines erweiterten Literaturbegriffs*. VCH.

Jarren, O., & Neuberger, C. (Hrsg.). (2020). *Gesellschaftliche Vermittlung in der Krise: Medien und Plattformen als Intermediäre*. Nomos. https://doi.org/10.5771/9783748909729

Johannes Gutenberg Universität Mainz, Institut für Publizistik. (o. J.). *Institutschronik*. Abgerufen 28. Februar 2024, von https://www.ifp.uni-mainz.de/institutschronik/

Katzenberger, V. (2019). Zum Stellenwert rundfunkhistorischer Fragestellungen in studentischen Abschlussarbeiten. Eine Inhaltsanalyse aus kommunikationswissenschaftlicher Perspektive. *Rundfunk und Geschichte, 45*(1–2), 28–33.

Kauffmann, K., & Schütz, E. H. (Hrsg.). (2000). *Die lange Geschichte der kleinen Form: Beiträge zur Feuilletonforschung*. Weidler.

Keller, K. (2016). Die Fuggerzeitungen. Geschriebene Zeitungen und der Beginn der periodischen Presse. In M. Karmasin & C. Oggolder (Hrsg.), *Österreichische Mediengeschichte: Band 1: Von den frühen Drucken zur Ausdifferenzierung des Mediensystems (1500 bis 1918)* (S. 27–50). Springer Fachmedien Wiesbaden. https://doi.org/10.1007/978-3-658-11008-6

Kernmayer, H., & Jung, S. (2017). Feuilleton. Interdisziplinäre Annäherungen an ein journalistisch-literarisches Phänomen. In H. Kernmayer & S. Jung (Hrsg.), *Feuilleton: Schreiben an der Schnittstelle zwischen Journalismus und Literatur* (S. 19–30). Transcript.

Keute, A. (2023a). *Status quo der Zeitungsforschung. Institutionen und Projekte*. https://stiftervereinigung.de/wp-content/uploads/2023/03/Institutionen-und-Projekte-der-Zeitungsforschung_Keute-2023-1.pdf

Keute, A. (2023b). Zur Entwicklung der institutionellen Zeitungsforschung in Deutschland seit 1945. Eine Projektvorstellung. *Jahrbuch für Kommunikationsgeschichte, 25*, 165–181.

Kister, K., & Käppner, J. (2020). *75 Jahre Süddeutsche Zeitung. Geschichte & Geschichten*. Süddeutsche Zeitung.

Klein, M. (2023). Content Analysis in the Research on Reporting Styles. In F. Oehmer-Pedrazzi, S. H. Kessler, E. Humprecht, K. Sommer, & L. Castro (Hrsg.), *Standardisierte Inhaltsanalyse in der Kommunikationswissenschaft: Ein Handbuch – Standardized content analysis in Communication Research: A handbook* (S. 67–76). Springer VS.

Koenen, E. (2005). Ein „einsamer" Wissenschaftler? Erich Everth und das Leipziger Institut für Zeitungskunde zwischen 1926 und 1933. Ein Beitrag zur Bedeutung des Biographischen für die Geschichte der Zeitungswissenschaft. *Medien & Zeit, 20*(1), 38–50.

Koenen, E. (2008). Auf Schleichwegen in die neue Zeit? Anmerkungen zur Re-Konstituierung der Zeitungswissenschaft als Publizistik (wissenschaft) nach 1945. In K.-S. Rehberg (Hrsg.), *Die Natur der Gesellschaft: Verhandlungen des 33. Kongresses der Deutschen Gesellschaft für Soziologie in Kassel 2006. Teilbd. 1 u. 2*. Campus.

Koenen, E. (Hrsg.). (2016a). 100 Jahre Fach- und Institutsgeschichte in Leipzig: Eine Chronik. In *Die Entdeckung der Kommunikationswissenschaft. 100 Jahre kommunikationswissenschaftliche Fachtradition in Leipzig: Von der Zeitungskunde zur Kommunikations- und Medienwissenschaft* (S. 275–284). Halem.

Koenen, E. (Hrsg.). (2016b). *Die Entdeckung der Kommunikationswissenschaft. 100 Jahre kommunikationswissenschaftliche Fachtradition in Leipzig: Von der Zeitungskunde zur Kommunikations- und Medienwissenschaft*. Halem.

Koenen, E. (2016c). Von der Zeitungskunde zur Kommunikations- und Medienwissenschaft: 100 Jahre kommunikationswissenschaftliche Fachtradition in Leipzig. Überblick und Einführung. In E. Koenen (Hrsg.), *Die Entdeckung der Kommunikationswissenschaft. 100 Jahre kommunikationswissenschaftliche Fachtradition in Leipzig: Von der Zeitungskunde zur Kommunikations- und Medienwissenschaft* (S. 21–50). Halem.

Koenen, E. (2018). Digitale Perspektiven in der Kommunikations- und Mediengeschichte. Erkenntnispotentiale und Forschungsszenarien für die historische Presseforschung. *Publizistik, 63*(4), 535–556. https://doi.org/10.1007/s11616-018-0459-4

Koenen, E. (2022). Epistemologie digitaler Experimentalsysteme am Beispiel von Zeitungsportalen. Methodologische und praktische Herausforderungen, Probleme und Perspektiven. *Zeitschrift für digitale Geisteswissenschaften*. https://doi.org/10.17175/sb005_013

Koenen, E., Krause, F., & Sax, S. (2022). Die Berliner Volkszeitung digital erforschen. Digitales Kuratieren, Metadaten, Text Mining: Praktiken und Potentiale historischer Presseforschung in digitalen Kontexten. In C. Schwarzenegger, E. Koenen, C. Pentzold, T. Birkner, & C. Katzenbach (Hrsg.), *Digitale Kommunikation und Kommunikationsgeschichte. Perspektiven, Potentiale, Problemfelder* (S. 187–223).

Koenen, E., & Sanko, C. (2017). Die Mediengesellschaft und ihre Wissenschaft im Wandel. Disziplinäre Genese und Wandelprozesse der Kommunikationswissenschaft in Deutschland 1945–2015. In S. Averbeck-Lietz (Hrsg.), *Kommunikationswissenschaft im internationalen Vergleich* (S. 113–159). https://doi.org/10.1007/978-3-531-18950-5

Kolo, C. (2014). Hoffnung für Zeitungsverlage durch Tablet & Co.? Nutzungsmuster, Anzeigenmärkte und Rettungsversuch des Geschäftsmodells. In L. Frank & N. Gerret Von (Hrsg.), *Journalismus ist kein Geschäftsmodell* (S. 173–200). Nomos. https://doi.org/10.5771/9783845252353

Kolo, C. (2019). Strategic challenges of newspaper publishing in an international perspective. *Newspaper Research Journal, 40*(3), 275–298. https://doi.org/10.1177/0739532919862367

Körber, E.-B. (2009). *Zeitungsextrakte: Aufgaben und Geschichte einer funktionellen Gruppe frühneuzeitlicher Publizistik*. Edition Lumière.

Kotišová, J. (2023). The epistemic injustice in conflict reporting: Reporters and 'fixers' covering Ukraine, Israel, and Palestine. *Journalism, 0*(0), 1–20. https://doi.org/10.1177/14648849231171019

Kotišová, J., & Van Der Velden, L. (2023). The Affective Epistemology of Digital Journalism: Emotions as Knowledge Among On-the-Ground and OSINT Media Practitioners Covering the Russo-Ukrainian War. *Digital Journalism*, 1–20. https://doi.org/10.1080/21670811.2023.2273531

Kuhn, T. S. (1996). *The Structure of Scientific Revolutions* (3. Aufl.). University Press.

Kutsch, A. (2010). Die Entstehung des Deutschen Zeitungswissenschaftlichen Verbandes. *Jahrbuch für Kommunikationsgeschichte, 12,* 121–144.

Kutsch, A. (2023). Die drei Anläufe zur Gründung der Publizistik. *Publizistik*. https://doi.org/10.1007/s11616-023-00817-4

Kutsch, A., & Pöttker, H. (Hrsg.). (1997a). *Kommunikationswissenschaft – autobiographisch. Zur Entwicklung einer Wissenschaft in Deutschland.* Westdeutscher Verlag.

Kutsch, A., & Pöttker, H. (Hrsg.). (1997b). Kommunikationswissenschaft – autobiographisch. Einleitung. In *Kommunikationswissenschaft – autobiographisch. Zur Entwicklung einer Wissenschaft in Deutschland* (S. 7–20). Westdeutscher Verlag.

Kutzner, M. (2019). *Marktwirtschaft schreiben. Das Wirtschaftsressort der Frankfurter Allgemeinen Zeitung 1949 bis 1992* (S. 158180). Mohr Siebeck. https://doi.org/10.1628/978-3-16-158180-9

Lacasa, I. (2009). Potenziale und performative Ziele. Ein Vorschlag zur Verfeinerung der kommunikationswissenschaftlichen Geschichtsschreibung am Beispiel der Gründergeneration der Zeitungswissenschaft. In S. Averbeck-Lietz, P. Klein, & M. Meyen (Hrsg.), *Historische und systematische Kommunikationswissenschaft. Festschrift für Arnulf Kutsch* (S. 181–196). edition lumière.

Lachenicht, S. (2001). Exilpublizistik zur Zeit der Französischen Revolution: Politische Zeitungen und Zeitschriften deutscher Emigranten in Straßburg (1791–1799). *Jahrbuch für Kommunikationsgeschichte, 3,* 71–89.

Lachenicht, S. (2005). „(...) warum erstaunliche Mengen derley gefährlichen Zeitungen des bestehenden Verbotts ungeachtet verschickt werden": Zeitungen und Zeitschriften im Zeitalter der Französischen Revolution und das Scheitern kaiserlicher Presszensur im Alten Reich nach 1790. *Mitteilungen der Gesellschaft für Buchforschung in Österreich, 2,* 7–22.

Lauth, B., & Sareiter, J. (2020). Thomas S. Kuhn: Die Struktur wissenschaftlicher Revolutionen. In *Wissenschaftliche Erkenntnis. Eine Ideengeschichtliche Einführung in die Wissenschaftstheorie* (2. Aufl., S. 118–134). Brill.

Lilienthal, V. (2022). Selbstregulation im Boulevardjournalismus. „Bild"-Kritik in der Wahrnehmung der betroffenen Journalist:innen. *Communicatio Socialis, 55*(2), 247–263. https://doi.org/10.5771/0010-3497-2022-2-247

Löblich, M. (2010a). Die empirisch-sozialwissenschaftliche Wende. Ein Beitrag zur historischen und kognitiven Identität der Kommunikationswissenschaft. *Medien & Kommunikationswissenschaft, 58*(4), 544–562.

Löblich, M. (2010b). *Die empirisch-sozialwissenschaftliche Wende in der Publizistik- und Zeitungswissenschaft.* Halem.

Löblich, M., & Scheu, A. M. (2011). Writing the History of Communication Studies: A Sociology of Science Approach. *Communication Theory, 21*(1), 1–22. https://doi.org/10.1111/j.1468-2885.2010.01373.x

Löblich, M., & Venema, N. (2018). Kommunikationsgeschichte in der Kommunikationswissenschaft. *Jahrbuch für Kommunikationsgeschichte, 20,* 22–26.

Löblich, M., & Venema, N. (Hrsg.). (2020). *„Regierungszeit des Mittelbaus"? Annäherungen an die Berliner Publizistikwissenschaft nach der Studentenbewegung*. Halem.

Löffelholz, M., & Quandt, T. (Hrsg.). (2003). *Die neue Kommunikationswissenschaft. Theorien, Themen und Berufsfelder im Internet-Zeitalter. Eine Einführung*. Westdeutscher Verlag.

Löffelholz, M., & Sarısakaloğlu, A. (2024). Paradigmengeschichte der Journalismusforschung. In M. Löffelholz & L. Rothenberger (Hrsg.), *Handbuch Journalismustheorien* (S. 1–34). Springer Fachmedien Wiesbaden. https://doi.org/10.1007/978-3-658-32153-6_2-1

Loosen, W., Ahva, L., Reimer, J., Solbach, P., Deuze, M., & Matzat, L. (2022). 'X Journalism'. Exploring Journalism's Diverse Meanings through the Names We Give It. *Journalism, 23*(1), 39–58. https://doi.org/10.1177/1464884920950090

Loosen, W., Garmissen, A. V., Bartelt, E., & Olphen, T. van. (2023). *Journalismus in Deutschland 2023: Aktuelle Befunde zu Situation und Wandel*. Hans-Bredow-Institut. https://doi.org/10.21241/ssoar.89555

Loosen, W., Nölleke, D., & Springer, N. (2022). Journalismusforschung: Disziplin durch Entdisziplinierung. Interdisziplinarität in der Forschung und ihrem Gegenstand – zur Einführung in das Themenheft. *Medien & Kommunikationswissenschaft, 70*(1–2), 3–16. https://doi.org/10.5771/1615-634X-2022-1-2-3

Lünenborg, M. (2012). Die Krise des Journalismus? Die Zukunft der Journalistik! Ein Diskussionsbeitrag zur Reflexivität und Praxisrelevanz von Wissenschaft. *Publizistik, 57*(4), 445–461. https://doi.org/10.1007/s11616-012-0161-x

Matthes, J. (2019). Viel Luft nach oben. Eine kritische Reflexion zum Stellenwert der Methoden in der Kommunikationswissenschaft. In H. Schramm, J. Matthes, & C. Schemer (Hrsg.), *Emotions Meet Cognitions* (S. 93–103). Springer Fachmedien. https://doi.org/10.1007/978-3-658-25963-1_8

Maurer, M., Reinemann, C., & Kruschinski, S. (2021). *Einseitig, unkritisch, regierungsnah? Eine empirische Studie zur Qualität der journalistischen Berichterstattung über die Corona-Pandemie*. Rudolf Augstein Stiftung.

Mayer, K. U. (Hrsg.). (1993). Generationsdynamik in der wissenschaftlichen Forschung: Personen, Organisationen und Programme. In *Generationsdynamik in der Forschung* (S. 9–31). Campus.

McLuhan, M. (2010). *Understanding media. The extensions of man* (Repr.). Routledge.

Meier, K., Graßl, M., García-Avilés, J. A., Mondejar, D., Kaltenbrunner, A., Lugschitz, R., Porlezza, C., Mazzoni, P., Wyss, V., & Saner, M. (2024). Innovations in Journalism as Complex Interplay: Supportive and Obstructive Factors in International Comparison. *Media and Communication, 12,* 7443. https://doi.org/10.17645/mac.7443

Meier, K., & Neuberger, C. (Hrsg.). (2023). Einführung: Stand und Perspektiven der Journalismusforschung. In K. Meier & C. Neuberger (Hrsg.), *Journalismusforschung: Stand und Perspektiven* (3., aktualisierte und erweiterte Aufl., S. 9–25). Nomos. https://doi.org/10.5771/9783748928522

Meier, K., Schützeneder, J., & Springer, N. (2020). Zur Einführung: Bedeutung und Transformation von Journalismus und Journalismusforschung. *Neujustierung der Journalistik/Journalismusforschung in der digitalen Gesellschaft: Proceedings zur Jahrestagung der Fachgruppe Journalistik/Journalismusforschung der Deutschen Gesellschaft für Publizistik- und Kommunikationswissenschaft 2019*, Eichstätt. https://doi.org/10.21241/SSOAR.70813

Meng, R., & Kaspar, T. (Hrsg.). (2021). *Haltung zählt. Anspruch und Geschichte der Frankfurter Rundschau.* Edition 7.

Meyen, M. (2004). Wer wird Professor für Kommunikationswissenschaft und Journalistik? Ein Beitrag zur Entwicklung einer Wissenschaftsdisziplin in Deutschland. *Publizistik, 49*(2), 194–206. https://doi.org/10.1007/s11616-004-0036-x

Meyen, M. (2007). Die »Jungtürken« der Kommunikationswissenschaft. Eine Kollektivbiographie. *Publizistik, 52*(3), 308–328.

Meyen, M. (2010). Die historische Perspektive in der Kommunikationswissenschaft. In P. Merziger, R. Stöber, E.-B. Körber, & J. M. Schulz (Hrsg.), *Geschichte, Öffentlichkeit, Kommunikation* (S. 271–280). Franz Steiner.

Meyen, M. (2019). Die Erfindung der Journalistik in der DDR Ein Beitrag zur Fachgeschichte der Nachkriegszeit. *Journalistik. Zeitschrift für Journalismusforschung, 1,* 3–32. https://doi.org/10.1453/2569-152X-12019-3644-de

Meyen, M., & Löblich, M. (Hrsg.). (2004a). *80 Jahre Zeitungs- und Kommunikationswissenschaft in München. Bausteine zu einer Institutsgeschichte.* Halem.

Meyen, M., & Löblich, M. (2004b). Warum Institutsgeschichte, warum Bausteine, warum gerade diese? Eine Einführung. In M. Meyen & M. Löblich (Hrsg.), *80 Jahre Zeitungs- und Kommunikationswissenschaft in München. Bausteine zu einer Institutsgeschichte* (S. 9–19). Halem.

Meyen, M., & Löblich, M. (2006). *Klassiker der Kommunikationswissenschaft. Fach- und Theoriegeschichte in Deutschland.* UVK.

Meyen, M., & Löblich, M. (Hrsg.). (2007). *„Ich habe dieses Fach erfunden". Wie die Kommunikationswissenschaft an die deutschsprachigen Universitäten kam. 19 Biografische Interviews.* Halem.

Michael, H. (2020). *Die Sozialreportage als Genre der Massenpresse. Erzählen im Journalismus und die Vermittlung städtischer Armut in Deutschland und den USA (1880–1910)*. edition lumière.

Mommsen, W. J. (1989). Schlußbetrachtungen: Zur Veränderung der deutschen Geschichtswissenschaft in den sechziger Jahren. Statements. In E. Schulin (Hrsg.), *Deutsche Geschichtswissenschaft nach dem Zweiten Weltkrieg (1945–1965)* (S. 286–295). Oldenbourg.

Müller, T. (2002). Zur Entstehung und Entwicklung der Zeitungen in der Stadt Nordhausen. *transfer, 6*(1). http://transfer.dgpuk.de/abstracts/zur-entstehung-und-entwicklung-der-zeitungen-in-der-stadt-nordhausen/

Narz, R. (2022). *Kultur im Widerstreit: Das Feuilleton der Frankfurter Allgemeinen Zeitung 1949–73*. Brill Schöningh.

Niekler, A. (2018). *Automatisierte Verfahren für die Themenanalyse nachrichtenorientierter Textquellen*. Halem.

Noelle-Neumann, E. (1997). Über den Fortschritt der Publizistikwissenschaft durch Anwendung empirischer Forschungsmethoden. Eine autobiographische Aufzeichnung. In A. Kutsch & H. Pöttker (Hrsg.), *Kommunikationswissenschaft – autobiographisch. Zur Entwicklung einer Wissenschaft in Deutschland* (S. 36–61). Westdeutscher Verlag.

Nohr, H. (2011). *Vom Zeitungsverlag zur News Industry: Veränderung von Wertschöpfungsstrukturen und Geschäftsmodellen* (Bd. 11). Logos.

Nordenstreng, K. (2008). Institutional Networking: The Story of the International Association for Media and Communication Research (IAMCR). In D. Park & J. Pooley (Hrsg.), *The History of Media and Communication Research: Contested Memories* (S. 225–248). Peter Lang.

Oehmer-Pedrazzi, F., Kessler, S. H., Humprecht, E., Sommer, K., & Castro, L. (Hrsg.). (2023). *Standardisierte Inhaltsanalyse in der Kommunikationswissenschaft. Ein Handbuch – Standardized Content Analysis in Communication Research. A Handbook*. Springer VS.

Pfefferkorn, O., Riecke, J., & Schuster, B.-M. (Hrsg.). (2017). *Die Zeitung als Medium in der neueren Sprachgeschichte. Korpora – Analyse – Wirkung*. De Gruyter. https://doi.org/10.1515/9783110517132

Pfeiffer, J. (2018). Emil Dovifat. In M. Meyen & T. Wiedemann (Hrsg.), *Biografisches Lexikon der Kommunikationswissenschaft*. Halem. http://blexkom.halemverlag.de/emil-dovifat/

Podewski, M. (2018). ›Kleine Archive‹ in den Digital Humanities – Überlegungen zum Forschungsobjekt ›Zeitschrift‹. In R. S. Kamzelak & T. Steyer (Hrsg.), *Digitale Metamorphose: Digital Humanities und Editionswissenschaft*. https://doi.org/10.17175/sb003_010

Pompe, H. (2012). *Famas Medium: Zur Theorie der Zeitung in Deutschland zwischen dem 17. und dem mittleren 19. Jahrhundert*. De Gruyter. https://doi.org/10.1515/9783110289510

Pöttker, H. (2001). Mitgemacht, weitergemacht, zugemacht. Zum NS-Erbe der Kommunikationswissenschaft in Deutschland. *Aviso, 28*, 4–7.

Pürer, H. (2002). Zur Fachgeschichte der Publizistikwissenschaft. *Medien & Zeit, 17*(2–3).

Pürer, H. (2014). *Publizistik- und Kommunikationswissenschaft*. UVK.

Pürer, H. (2017). Zur Fachgeschichte der Kommunikationswissenschaft in Deutschland. Ein Streifzug von den Anfängen bis zur Gegenwart. In M. Meyen & T. Wiedemann (Hrsg.), *Biografisches Lexikon der Kommunikationswissenschaft*. Halem. http://blexkom.halemverlag.de/kommunikationswissenschaft-in-deutschland/

Putnam, L. (2016). The Transnational and the Text-Searchable: Digitized Sources and the Shadows They Cast. *The American Historical Review, 121*(2), 377–402. https://doi.org/10.1093/ahr/121.2.377

Requate, J. (1995). *Journalismus als Beruf: Entstehung und Entwicklung des Journalistenberufs im 19. Jahrhundert: Deutschland im internationalen Vergleich*. Vandenhoeck & Ruprecht.

Requate, J. (1999). Öffentlichkeit und Medien als Gegenstand historischer Analyse. *Geschicht und Gesellschaft, 25*(1), 5–32.

Rosseaux, U. (2004). Die Entstehung der Meßrelationen. Zur Entwicklung eines frühneuzeitlichen Nachrichtenmediums aus der Zeitgeschichtsschreibung des 16. Jahrhunderts. *Historisches Jahrbuch, 124*, 97–123.

Rothenberger, L., & Auer, C. (2013). Normativität in der Kommunikatorforschung: Journalistik. In M. Karmasin, M. Rath, & B. Thomaß (Hrsg.), *Normativität in der Kommunikationswissenschaft* (S. 19–48). Springer Fachmedien. https://doi.org/10.1007/978-3-531-19015-0_1

Schildt, A. (1995). *Moderne Zeiten: Freizeit, Massenmedien und „Zeitgeist" in der Bundesrepublik der 50er Jahre*. Christians.

Schildt, A. (2000). Von der Aufklärung zum Fernsehzeitalter. Neue Literatur zu Öffentlichkeit und Medien. *Archiv für Sozialgeschichte, 40*, 487–509.

Schildt, A. (2001). Das Jahrhundert der Massenmedien. Ansichten zu einer künftigen Geschichte der Öffentlichkeit. *Geschichte und Gesellschaft, 27*(2), 177–206.

Schildt, A. (2020). *Medien-Intellektuelle in der Bundesrepublik*. Wallstein.

Schmolke, M. (1987). Wege zur Kommunikationsgeschichte: Eine Zwischenbilanz. In M. Bobrowsky & W. R. Langenbucher (Hrsg.), *Wege zur Kommunikationsgeschichte* (S. 737–747). Verlag Ölschläger.

Schulz, F. (2023). *Am Webstuhl der Zeit: Das Politikressort der Frankfurter Allgemeinen Zeitung von 1949 bis 1982*. Brill Schöningh.

Schütz, W. J. (2006). 38 = 50 minus 12. Geschichte(n) im Rückblick der ›Publizistik‹-Redaktion 1956–1993. In C. Holtz-Bacha, A. Kutsch, W. R. Langenbucher, & K. Schönbach (Hrsg.), *Fünfzig Jahre Publizistik* (S. 15–32). VS Verlag für Sozialwissenschaften.

Schützeneder, J., Meier, K., & Springer, N. (Hrsg.). (2020). *Neujustierung der Journalistik/Journalismusforschung in der digitalen Gesellschaft: Proceedings zur Jahrestagung der Fachgruppe Journalistik/Journalismusforschung der Deutschen Gesellschaft für Publizistik- und Kommunikationswissenschaft 2019*. Deutsche Gesellschaft für Publizistik- und Kommunikationswissenschaft e.V.

Schwarzer, B. (2013). Die Zeitung in der Krise – oder doch nicht? In B. Schwarzer & S. Spitzer (Hrsg.), *Zeitungsverlage im digitalen Wandel. Aktuelle Entwicklungen auf dem deutschen Zeitungsmarkt* (S. 51–67). Nomos.

Schwarzer, B., & Spitzer, S. (Hrsg.). (2013). *Zeitungsverlage im digitalen Wandel. Aktuelle Entwicklungen auf dem deutschen Zeitungsmarkt*. Nomos.

Schwarzer, B., & Spitzer, S. (Hrsg.). (2015). *The European Newspaper Market. Social Media Use and New Business Models*. Nomos.

Schweiger, W., Rademacher, P., & Grabmüller, B. (2009). Womit befassen sich kommunikationswissenschaftliche Abschlussarbeiten? *Publizistik*, *54*(4), 533–552. https://doi.org/10.1007/s11616-009-0061-x

Spangenberg, P. M. (2002). Medienerfahrungen – Medienbegriffe – Medienwirklichkeiten. In G. Rusch (Hrsg.), *Einführung in die Medienwissenschaft. Konzeptionen, Theorien, Methoden, Anwendungen* (S. 84–101). Westdeutscher Verlag.

Stöber, R. (2002). Emil Dovifat, Karl d'Ester und Walter Hagemann. Die Wiederbegründung der Publizistik in Deutschland nach 1945. *Medien & Zeit*, *17*(2–3), 67–84.

Stöber, R. (2014). *Deutsche Pressegeschichte. Von den Anfängen bis zur Gegenwart* (3., überarb. Aufl). UVK-Verl.-Ges.

Stollberg-Rilinger, B., Neu, T., & Brauner, C. (Hrsg.). (2013). *Alles nur symbolisch? Bilanz und Perspektiven der Erforschung symbolischer Kommunikation*. Böhlau.

Straetz, S. (1986). Das Institut für Zeitungskunde in Leipzig bis 1945. In R. Vom Bruch & O. B. Roegele (Hrsg.), *Von der Zeitungskunde zur Publizistik. Biographisch-institutionelle Stationen der deutschen Zeitungswissenschaft in der ersten Hälfte des 20. Jahrhunderts* (S. 75–103). Haag + Herchen.

Szyszka, P. (1998). Publizistik und/oder Kommunikationswissenschaft. *Aviso, 21*, 9.

Technische Universität Dortmund. (o. J.). *Institut für Journalistik, Professur für Online-/Printjournalismus*. Abgerufen 19. März 2024, von https://www.journalistik-dortmund.de/institut/hochschullehrende/prof-dr-wiebke-moehring/

Technische Universität Dortmund. (2021, Juni 10). *TU Dortmund beruft erste Professur für Datenjournalismus in Deutschland*. https://www.tu-dortmund.de/universitaet/aktuelles/detail/berufung-der-ersten-professur-fuer-datenjournalismus-in-deutschland-9997/

Todorow, A. (1997). Das Feuilleton der „Frankfurter Zeitung" während der Weimarer Republik. Qualitative Medienforschung und Quellenerschließung. In M. Knoche & R. Tgahrt (Hrsg.), *Retrospektive Erschließung von Zeitschriften und Zeitungen* (S. 75–96). Deutsches Bibliotheksinstitut.

Todorow, A. (2000). Das Feuilleton im medialen Wandel der Tageszeitungen im 20. Jahrhundert. Konzeptionelle und methodische Überlegungen zu einer kulturwissenschaftlichen Feuilletonforschung. In K. Kauffmann & E. Schütz (Hrsg.), *Die lange Geschichte der kleinen Form: Beiträge zur Feuilletonforschung* (S. 25–39). Weidler.

Tschopp, S. S. (2015). Medien und Kommunikation als Gegenstand der historischen Forschung zur Frühen Neuzeit. In C. Duhamelle & B. Klesmann (Hrsg.), *Frühneuzeitforschung in Europa – Standorte und Perspektiven: Tagung des DHIP, 20.–21. Oktober 2011*.

Universität Augsburg. (2022). *Historische Presseforschung*. https://www.uni-augsburg.de/de/forschung/einrichtungen/institute/iek/aktuelles/historische-presseforschung/

Van Atteveldt, W., & Peng, T.-Q. (2018). When Communication Meets Computation: Opportunities, Challenges, and Pitfalls in Computational Communication Science. *Communication Methods and Measures, 12*(2–3), 81–92. https://doi.org/10.1080/19312458.2018.1458084

Venema, N. (2023). *Das Volontariat. Eine Geschichte des Journalismus als Auseinandersetzung um seine Ausbildung (1870 bis 1990)*. Halem.

vom Bruch, R., & Roegele, O. B. (Hrsg.). (1986). *Von der Zeitungskunde zur Publizistik. Biographisch-institutionelle Stationen der deutschen Zeitungswissenschaft in der ersten Hälfte des 20. Jahrhunderts*. Haag + Herchen.

Vonbun-Feldbauer, R., Grüblbauer, J., Berghofer, S., Krone, J., Beck, K., Steffan, D., & Dogruel, L. (2020). *Regionaler Pressemarkt und Publizistische Vielfalt. Strukturen und Inhalte der Regionalpresse in Deutschland und Österreich 1995–2015*. Springer VS. https://doi.org/10.1007/978-3-658-28965-2

Weischenberg, S. (2010). Das Jahrhundert des Journalismus ist vorbei. Rekonstruktion und Prognosen zur Formation gesellschaftlicher Selbstbeobachtung. In G. Bartelt-Kircher, H. Bohrmann, H. Haas, O. Jarren, H. Pöttker, & S. Weischenberg (Hrsg.), *Krise der Printmedien: Eine Krise des Journalismus?* (S. 32–61). De Gruyter Saur. https://doi.org/10.1515/9783110231083

Wellbrock, C.-M., & Buschow, C. (Hrsg.). (2020). *Money for Nothing and Content for Free? Paid Content, Plattformen und Zahlungsbereitschaft im digitalen Journalismus*. Nomos. https://doi.org/10.5771/9783748907251

Wellbrock, C.-M., & Buschow, C. (2022). Plattformen im Digitaljournalismus. Interindustrielle und interdisziplinäre Grenzübertritte. *Communicatio Socialis, 55*(1), 44–56. https://doi.org/10.5771/0010-3497-2022-1-44

Wiedmann, K.-P., Hennigs, J., & Tilleke, R. (2006). Die Wirkung von Zusatzleistungen auf Kundenzufriedenheit und Kundenbindung im Verlagsmarketing. *Journal für Marketing, 45*(1), 39–50. https://doi.org/10.1007/BF03032169

Wilke, J. (1999). Die Zeitung. In E. Fischer, W. Haefs, & Y.-G. Mix (Hrsg.), *Von Almanach bis Zeitung. Ein Handbuch der Medien in Deutschland 1700–1800* (S. 388–402). Beck.

Wilke, J. (2000). Zeitung und Zeitungsforschung – Entwicklung und Perspektiven. In O. Jarren, G. G. Kopper, & G. Toepser-Ziegert (Hrsg.), *Zeitung. Medium mit Vergangenheit und Zukunft. Eine Bestandsaufnahme* (S. 231–244). Saur. https://doi.org/10.1515/9783110954890-018

Wilke, J. (2008). *Grundzüge der Medien- und Kommunikationsgeschichte* (2., durchges. und erg. Aufl). Böhlau.

Wilke, J. (2016). Von der Zeitungskunde zur Integrationswissenschaft. Wurzeln und Dimensionen im Rückblick auf hundert Jahre Fachgeschichte der Publizistik-, Medien- und Kommunikationswissenschaft in Deutschland. *Medien & Kommunikationswissenschaft, 64*(1), 74–92.

Wilke, J. (2020). Die Zukunft der Kommunikationsgeschichte. Veränderte Randbedingungen und künftige Perspektiven. *Jahrbuch für Kommunikationsgeschichte, 22*, 13–21.

Wirth, W., Stämpfli, I., Böcking, S., & Matthes, J. (2008). Führen viele Wege nach Rom? Berufssituation und Karrierestrategien des promovierten wissenschaftlichen Nachwuchses in der Kommunikations- und Medienwissenschaft. *Publizistik, 53*(1), 85–113. https://doi.org/10.1007/s11616-008-0007-8

Würgler, A. (2009). *Medien in der Frühen Neuzeit*. Oldenbourg. https://doi.org/10.1524/9783486701364

10. Verzeichnis der akademischen Institutionen und der Projekte zur Zeitungsforschung

Dieser Überblick über die akademischen Institutionen und Projekte zur Zeitungsforschung bildet den Status quo zu einem konkreten Zeitpunkt (Januar 2023) ab. Der Fokus liegt auf akademischen Institutionen und ist weniger auf die wissenschaftliche Tätigkeit konkreter Einzelpersonen gerichtet. Durch den institutionellen Fokus kann der Output von Forschenden, die in einer gemeinsamen Forschungseinrichtung arbeiten, und die intellektuell-wissenschaftliche Entwicklung sowie der Prozess der Institutionalisierung einzelner Forschungsstränge und -schwerpunkte auch langfristig nachgezeichnet werden (Löblich & Scheu 2011). Daher sind Forschende ohne institutionelle Anbindung in die vorliegende Auflistung nicht einbezogen worden.

Augsburg

Universität Augsburg, Philologisch-Historische Fakultät, Institut für Europäische Kulturgeschichte/Lehrstuhl für Europäische Kulturgeschichte

Forschungsfelder: Medien-/Kommunikationsgeschichte; *Zeitungsforschung*

Institut: https://www.uni-augsburg.de/de/forschung/einrichtungen/institute/iek/

Projekt: Historische Presseforschung (Kooperationsprojekt der Universität Augsburg mit der Stiftung Deutsches Zeitungsmuseum; 2022–2025); Projektförderung: Freistaat Bayern; https://www.uni-augsburg.de/de/forschung/einrichtungen/institute/iek/aktuelles/historische-presseforschung/

Lehrstuhl: https://www.uni-augsburg.de/de/fakultaet/philhist/professuren/geschichte/europaische-kulturgeschichte/

Universität Augsburg, Philosophisch-Sozialwissenschaftliche Fakultät, Institut für Medien, Wissen und Kommunikation

Forschungsfeld: Medien-/Kommunikationsgeschichte

Institut: https://www.uni-augsburg.de/de/fakultaet/philsoz/fakultat/imwk/

Arbeitsbereich Öffentliche Kommunikation: https://www.uni-augsburg.de/de/fakultaet/philsoz/fakultat/division-public-communication/

Bamberg

Otto-Friedrich-Universität Bamberg, Fakultät Geistes- und Kulturwissenschaften, Institut für Kommunikationswissenschaft
Forschungsfelder: Journalismusforschung; Medien-/Kommunikationsgeschichte; *Zeitungsforschung*
Institut: https://www.uni-bamberg.de/kowi/
Arbeitsbereich Kommunikationswissenschaft: https://www.uni-bamberg.de/kowi/infos-zum-institut/personen/stoeber-rudolf/
Arbeitsbereich empirische Kommunikatorforschung: https://www.uni-bamberg.de/kowi/infos-zum-institut/personen/behmer-markus/

Bayreuth

Universität Bayreuth, Kulturwissenschaftliche Fakultät, Facheinheit Geschichte
Forschungsfeld: Medien-/Kommunikationsgeschichte; *Zeitungsforschung*
Facheinheit: https://www.geschichte.uni-bayreuth.de
Arbeitsbereich Geschichte der Frühen Neuzeit: https://www.fruehe-neuzeit.uni-bayreuth.de

Berlin

Freie Universität Berlin, Fachbereich Geschichts- und Kulturwissenschaften, Friedrich-Meinecke-Institut
Forschungsfelder: Medien-/Kommunikationsgeschichte; *Zeitungsforschung*
Institut: https://www.geschkult.fu-berlin.de/e/fmi/institut/index.html
Arbeitsbereich Geschichte der Frühen Neuzeit: https://www.geschkult.fu-berlin.de/e/fmi/bereiche/frueheneuzeit/index.html
Arbeitsbereich Didaktik der Geschichte: https://www.geschkult.fu-berlin.de/e/fmi/institut/mitglieder/Professorinnen_und_Professoren/luecke.html
Verbundprojekt: Das mediale Erbe der DDR. Akteure, Aneignung, Tradierung; Projektförderung: Bundesministerium für Bildung und Forschung (BMBF) (2018–2022); https://medienerbe-ddr.de/

Freie Universität Berlin, Fachbereich Politik und Sozialwissenschaften, Institut für Publizistik- und Kommunikationswissenschaft

Forschungsfelder: Journalismusforschung; Medien-/Kommunikationsgeschichte; *Zeitungsforschung*

Institut: https://www.polsoz.fu-berlin.de/kommwiss/index.html

Projekt: Regionale Pressevielfalt in Deutschland und Österreich 1995–2015 (2015–2018; in Kooperation mit der FH St. Pölten)1: https://gepris.dfg.de/gepris/projekt/265542900

Arbeitsstelle Journalistik: https://www.polsoz.fu-berlin.de/kommwiss/arbeitsstellen/journalistik/index.html

Arbeitsstelle Kommunikationsgeschichte und Medienkulturen: https://www.polsoz.fu-berlin.de/kommwiss/arbeitsstellen/kommunikationsgeschichte/index.html

Projekt: Die Berliner Publizistikwissenschaft nach der Studentenbewegung; https://www.polsoz.fu-berlin.de/kommwiss/arbeitsstellen/kommunikationsgeschichte/forschung/Die-Berliner-Publizistikwissenschaft-nach-der-Studentenbewegung/index.html

Verbundprojekt: Das mediale Erbe der DDR. Akteure, Aneignung, Tradierung; Projektförderung: Bundesministerium für Bildung und Forschung (BMBF) (2018–2022); https://medienerbe-ddr.de/

Arbeitsstelle Wissenschaftskommunikation/Wissenschaftsjournalismus: https://www.polsoz.fu-berlin.de/kommwiss/arbeitsstellen/wissenskommunikation/index.html

Arbeitsstelle Digitalisierung und Partizipation:https://www.polsoz.fu-berlin.de/kommwiss/arbeitsstellen/digitalisierung_partizipation/index.html

Berlin, Frankfurt, Köln

Hochschule für Medien Kommunikation und Wirtschaft (HMKW), Fachbereich Journalismus und Kommunikation

Forschungsfeld: Journalismusforschung

Fachbereich: https://www.hmkw.de/hochschule/fachbereiche/journalismus-und-kommunikation

1 Abschluss des Projektes am Institut für Politik- und Kommunikationswissenschaft der Universität Greifswald.

Berlin, Frankfurt, Freiburg, Hamburg, Köln, Leipzig, München, Stuttgart

Macromedia Fachhochschule, Fakultät Kultur, Medien, Psychologie
Forschungsfeld: Journalismusforschung; *Zeitungsforschung*
Profil: https://www.macromedia-fachhochschule.de/de/hochschule/menschen-institutionen/menschen/

Bochum

Ruhr-Universität Bochum, Fakultät für Philologie, Institut für Medienwissenschaft
Forschungsfeld: Medien-/Kommunikationsgeschichte
Institut: http://ifm.rub.de/

Ruhr-Universität Bochum, Katholisch-Theologische Fakultät
Forschungsfelder: Medien-/Kommunikationsgeschichte; *Zeitungsforschung*
Fakultät: https://www.kath.ruhr-uni-bochum.de/index.html.de
Arbeitsbereich Kirchengeschichte des Mittelalters und der Neuzeit: https://www.kath.ruhr-uni-bochum.de/mnkg/index.html.de

Bonn

Rheinische Friedrich-Wilhelms-Universität Bonn, Philosophische Fakultät, Institut für Germanistik, Vergleichende Literatur- und Kulturwissenschaft
Forschungsfelder: Medien-/Kommunikationsgeschichte; *Zeitungsforschung*
Institut: https://www.germanistik.uni-bonn.de/institut
Arbeitsbereich Neuere deutsche Literaturwissenschaft: https://www.germanistik.uni-bonn.de/institut/abteilungen/abteilung-fuer-neuere-deutsche-literaturwissenschaft

Rheinische Friedrich-Wilhelms-Universität Bonn, Philosophische Fakultät, Institut für Sprach-, Medien- und Musikwissenschaft
Forschungsfeld: Medien-/Kommunikationsgeschichte
Institut: https://www.ismm.uni-bonn.de/de/institut
Arbeitsbereich Medienwissenschaft: https://www.medienwissenschaft.uni-bonn.de/

Braunschweig

Hochschule für Bildende Künste Braunschweig, Institut für Medienwissenschaft
Forschungsfeld: Medien-/Kommunikationsgeschichte
Institut: https://www.hbk-bs.de/institute/medienwissenschaft/

Technische Universität Braunschweig, Fakultät für Geistes- und Erziehungswissenschaften, Institut für Geschichtswissenschaft
Forschungsfeld: Medien-/Kommunikationsgeschichte
Institut: https://www.tu-braunschweig.de/geschichte
Arbeitsbereich Neuere Geschichte: https://www.tu-braunschweig.de/inge/institut/team/neuere-geschichte/

Bremen

Universität Bremen, Fachbereich Kulturwissenschaften, Institut für Deutsche Presseforschung
Forschungsfelder: Medien-/Kommunikationsgeschichte; *Zeitungsforschung*
Arbeitsbereich Deutsche Presseforschung: https://deutsche-presseforschung.net/
Projekt: Bibliographisch-biographisches Handbuch der historischen deutsch-jüdischen Presse von ihrem Beginn (1755) bis zum Nationalsozialismus (1943) (seit 2017); Projektförderung: DFG; https://gepris.dfg.de/gepris/projekt/325193317

Universität Bremen, Fachbereich Kulturwissenschaften, Zentrum für Medien-, Kommunikations- & Informationsforschung
Forschungsfelder: Journalismusforschung; Medien-/Kommunikationsgeschichte; *Zeitungsforschung*
Institut: https://www.uni-bremen.de/zemki
Arbeitsbereich Kommunikationsgeschichte und Medienwandel: https://www.uni-bremen.de/zemki/labs/kommunikationsgeschichte-und-medienwandel
Arbeitsbereich Mediatisierung und Datafizierung: https://www.uni-bremen.de/zemki/labs/mediatisierung-und-datafizierung

Darmstadt

Hochschule Darmstadt, Fachbereich Media, Institut für Kommunikation und Medien
Forschungsfeld: Journalismusforschung
Institut: https://ikum.mediencampus.h-da.de/

Technische Universität Darmstadt, Fachbereich Gesellschafts- und Geschichtswissenschaften, Institut für Geschichte
Forschungsfeld: Medien-/Kommunikationsgeschichte
Institut: https://www.geschichte.tu-darmstadt.de/institut_fuer_geschichte_1/index.de.jsp

Dortmund

Stadt Dortmund, Kulturbetriebe, Institut für Zeitungsforschung
Forschungsfelder: Medien-/Kommunikationsgeschichte; *Zeitungsforschung*
Institut: www.zeitungsforschung.de
Projekt: Kölnische Zeitung
Projekt: Zeitungsbeschreibungen für das Online-Portal zeitPunkt.NRW; https://zeitpunkt.nrw/
Projekt: Die Zeitung in der Forschung – Status quo der „Zeitungsforschung" und fachgeschichtliche Entwicklungslinien seit 1945 (2022–2023); Projektförderung: Stiftervereinigung der deutschen Presse e.V.; Stiftung Presse-Haus NRZ
Sammlungen: Journalistische Nachlässe

Technische Universität Dortmund, Fakultät Kulturwissenschaften, Institut für Journalistik
Forschungsfeld: Journalismusforschung
Institut: https://www.journalistik-dortmund.de/
Arbeitsbereich Digitaler Journalismus/Datenjournalismus: https://www.journalistik-dortmund.de/institut/hochschullehrende/prof-dipl-journ-christina-elmer/
Arbeitsbereich Internationaler Journalismus: https://www.journalistik-dortmund.de/institut/hochschullehrende/prof-dr-susanne-fengler/
Arbeitsbereich Journalistik mit dem Schwerpunkt „Ökonomische Grundlagen des Journalismus": https://www.journalistik-dortmund.de/institut/hochschullehrende/prof-dr-frank-lobigs/

Arbeitsbereich Online-/Printjournalismus: https://www.journalistik-dortmund.de/institut/hochschullehrende/prof-dr-wiebke-moehring/
Projekt: Freie Mitarbeiterinnen und Mitarbeiter im Lokalen – Merkmale, berufliches Selbstverständnis und Organisationsstrukturen in Zeitungsredaktionen (2018–2021); Projektförderung: DFG; https://gepris.dfg.de/gepris/projekt/404066328
Arbeitsbereich Wirtschaftspolitische Journalismus: https://www.journalistik-dortmund.de/institut/hochschullehrende/prof-dr-henrik-mueller/
Arbeitsbereich Fernseh- und Crossmedialer Journalismus: https://www.journalistik-dortmund.de/institut/hochschullehrende/prof-dr-michael-steinbrecher/
Arbeitsbereich Wissenschaftsjournalismus: https://www.journalistik-dortmund.de/institut/hochschullehrende/prof-dipl-chem-holger-wormer/

Dresden

Technische Universität Dresden, Philosophische Fakultät, Institut für Kommunikationswissenschaft
Forschungsfeld: Journalismusforschung
Institut: https://tu-dresden.de/gsw/phil/ifk
Arbeitsbereich Wissenschafts- und Technikkommunikation: https://tu-dresden.de/gsw/phil/ifk/das-institut/professuren/engesser

Düsseldorf

Heinrich-Heine-Universität Düsseldorf, Philosophische Fakultät, Institut Medien- und Kulturwissenschaft
Forschungsfeld: Medien-/Kommunikationsgeschichte
Institut: https://www.mekuwi.hhu.de/

Erfurt

Universität Erfurt, Philosophische Fakultät, Seminar für Kommunikationswissenschaft
Forschungsfelder: Journalismusforschung; Medien-/Kommunikationsgeschichte; *Zeitungsforschung*

Institut: https://www.uni-erfurt.de/philosophische-fakultaet/seminare-professuren/medien-und-kommunikationswissenschaft/startseite-des-seminars

Arbeitsbereich Kommunikationswissenschaft mit dem Schwerpunkt Empirische Kommunikationsforschung/Methoden: https://www.uni-erfurt.de/philosophische-fakultaet/seminare-professuren/medien-und-kommunikationswissenschaft/professuren/professur-fuer-kommunikationswissenschaft-mit-schwerpunkt-empirische-kommunikationsforschung/methoden

Projekt: Tageszeitungen und Nachrichtenagenturen: Selektions- und Redigierprozesse (1999); Projektförderung: dpa/adn

Projekt: Die Visualisierung des Politischen in deutschen Illustrierten 1905 bis 1945 (2016–2018); Projektförderung: DFG; https://gepris.dfg.de/gepris/projekt/279486315

Projekt: Die Illustrierte im 20. Jahrhundert. Geschichte, Design, Funktionen und Wirkung (2004–); Projektförderung: Universität Erfurt

Arbeitsbereich Kommunikationswissenschaft mit Schwerpunkt interpersonale Kommunikation im Kontext der Digitalisierung: https://www.uni-erfurt.de/philosophische-fakultaet/seminare-professuren/medien-und-kommunikationswissenschaft/professuren/interpersonale-kommunikation-im-kontext-der-digitalisierung

Eichstätt

Katholische Universität Eichstätt-Ingolstadt, Sprach- und Literaturwissenschaftliche Fakultät, Fachgebiet Journalistik

Forschungsfeld: Journalismusforschung

Fachgebiet: https://www.ku.de/slf/journalistik

Projekt: Die Qualität von tagesaktuellen Printmedien aus der Publikumsperspektive. Theoretische Überlegungen und empirische Untersuchung (2004–2006); Projektförderung: DFG; https://gepris.dfg.de/gepris/projekt/5428310

Journalistik mit Schwerpunkt Innovation und Transformation: https://www.ku.de/meier-biografie

Journalistik und Kommunikationswissenschaft: https://www.ku.de/herrmann-biografie

Journalistik mit dem Schwerpunkt Medienstrukturen und Gesellschaft: https://www.ku.de/sehl-biografie

Digitaler Journalismus: https://www.ku.de/boczek-biografie

Friedrichshafen

Zeppelin Universität, Fachbereich Kulturwissenschaften & Kommunikationswissenschaften
Forschungsfelder: Journalismusforschung; *Zeitungsforschung*
Fachbereich: https://www.zeppelin-university.com/research-issues/scientific-departments/kukowi.php
Arbeitsbereich Honorarprofessur für Medienwissenschaft: https://www.zu.de/lehrstuehle/medienwissenschaft/

Gelsenkirchen

Westfälische Hochschule, Fachbereich Informatik und Kommunikation, Institut für Journalismus und Public Relations
Forschungsfelder: Journalismusforschung; *Zeitungsforschung*
Institut: https://www.w-hs.de/institut-jpr/
Arbeitsbereich Praxis und Theorie des Qualitätsjournalismus: https://www.w-hs.de/service/informationen-zur-person/person/heimeier/
Arbeitsbereich Digitaler Qualitätsjournalismus: https://www.w-hs.de/service/informationen-zur-person/person/hofer/
Arbeitsbereich Theorie und Praxis des Journalismus: https://www.w-hs.de/service/informationen-zur-person/person/degen/; https://www.w-hs.de/service/informationen-zur-person/person/merten/

Gießen

Justus-Liebig-Universität Gießen, Fachbereich Geschichts- und Kulturwissenschaften, Historisches Institut
Forschungsfeld: Medien-/Kommunikationsgeschichte
Institut: https://www.uni-giessen.de/fbz/fb04/institute/geschichte
Arbeitsbereich Fachjournalistik Geschichte: https://www.uni-giessen.de/fbz/fb04/institute/geschichte/fachjournalistik

Greifswald

Universität Greifswald, Philosophische Fakultät, Institut für Politik- und Kommunikationswissenschaft
Forschungsfelder: Journalismusforschung
Institut: https://ipk.uni-greifswald.de/
Arbeitsbereich Kommunikationswissenschaft: https://ipk.uni-greifswald.de/kommunikationswissenschaft/lehrstuhl-fuer-kommunikationswissenschaft/

Hamburg

Leibniz-Institut für Medienforschung, Hans-Bredow-Institut
Forschungsfelder: Journalismusforschung; Medien-/Kommunikationsgeschichte
Institut: https://hans-bredow-institut.de/de
Kompetenzbereich Mediengeschichte: https://hans-bredow-institut.de/de/forschung/forschungsprogramme/wissen-fuer-die-mediengesellschaft/kb-mediengeschichte
Projekt: Wert der Nachrichten: Die Geschichte der deutschen Presse-Agentur (dpa) (2021–2024); https://hans-bredow-institut.de/de/projekte/wert-der-nachrichten-die-geschichte-der-deutschen-presse-agentur-dpa
Forschungsprogramm Transformation öffentlicher Kommunikation – Journalistische und intermediäre Funktionen im Prozess der Meinungsbildung: https://hans-bredow-institut.de/de/forschung/forschungsprogramme/transformation-oeffentlicher-Kommunikation

Universität Hamburg, Fakultät für Geisteswissenschaften, Fachbereich Sprache, Literatur, Medien I, Institut für Medien und Kommunikation
Forschungsfeld: Medien-/Kommunikationsgeschichte
Institut: https://www.slm.uni-hamburg.de/imk.html

Universität Hamburg, Fakultät für Wirtschafts- und Sozialwissenschaften, Fachbereich Sozialwissenschaften, Fachgebiet Journalistik und Kommunikationswissenschaft
Forschungsfelder: Journalismusforschung; *Zeitungsforschung*
Fachgebiet: https://www.wiso.uni-hamburg.de/fachbereich-sowi/ueber-den-fachbereich/fachgebiete/fachgebiet-journalistik.html

Arbeitsbereich Praxis des Qualitätsjournalismus: https://www.wiso.uni-hamburg.de/fachbereich-sowi/professuren/lilienthal.html
Projekt: BILD – trimediale Transformation (seit 2019)
Arbeitsbereich Digitaler Journalismus: https://www.wiso.uni-hamburg.de/fachbereich-sowi/professuren/lischka.html
Arbeitsbereich Klima- und Wissenschaftskommunikation: https://www.wiso.uni-hamburg.de/fachbereich-sowi/professuren/brueggemann.html

Halle-Wittenberg

Martin-Luther-Universität Halle-Wittenberg, Philosophische Fakultät II, Institut für Musik, Medien- und Sprechwissenschaften
Forschungsfeld: Medien-/Kommunikationsgeschichte
Institut: https://imms.uni-halle.de/
Abteilung Medien- und Kommunikationswissenschaft: https://www.medienkomm.uni-halle.de/

Hannover

Gottfried Wilhelm Leibniz Universität Hannover, Wirtschaftswissenschaftliche Fakultät, Institut für Marketing und Management
Forschungsfeld: *Zeitungsforschung*
Institut: https://www.marketing.uni-hannover.de/de/
Arbeitsbereich: https://www.marketing.uni-hannover.de/de/institut/team/wiedmann

Hochschule für Musik und Theater Hannover, Institut für Journalistik und Kommunikationsforschung
Forschungsfelder: Journalismusforschung; Medien-/Kommunikationsgeschichte; *Zeitungsforschung*
Institut: https://www.ijk.hmtm-hannover.de/de/start/
Projekt: Die redaktionelle und verlegerische Struktur der Tageszeitungen in Deutschland (2004–2006); Projektförderung: DFG; https://gepris.dfg.de/gepris/projekt/5444494
Projekt: Publizistische Struktur der deutschen Tagespresse und ihrer Eigentümerstrukturen (2011–2016; in Kooperation mit der Hochschule Hannover); Projektförderung: DFG; https://gepris.dfg.de/gepris/projekt/195291728

Projekt: Europäische Pressemärkte im Vergleich (2002–2004; Projektpartner: Österreichische Akademie der Wissenschaften); Projektförderung: Stiftung Presse-Haus NRZ
Arbeitsbereich Medien- und Musikmanagement: https://www.ijk.hmtm-hannover.de/de/institut/personen/univ-prof-dr-carsten-winter/
Arbeitsbereich Kommunikations- und Medienwissenschaft: https://www.ijk.hmtm-hannover.de/de/institut/personen/univ-prof-dr-helmut-scherer/

Hochschule Hannover, Fakultät Medien, Information und Design
Forschungsfelder: Journalismusforschung; *Zeitungsforschung*
Fakultät: https://f3.hs-hannover.de/
Projekt: Wandel bildredaktioneller Praktiken im digitalen Zeitungsjournalismus (2019–2022); Projektförderung: Ministerium für Wissenschaft und Kultur Niedersachsen; https://bildredaktionsforschung.de/

Hohenheim

Universität Hohenheim, Fakultät Wirtschafts- und Sozialwissenschaften, Institut für Kommunikationswissenschaft
Forschungsfelder: Journalismusforschung; *Zeitungsforschung*
Institut: https://kowi.uni-hohenheim.de/
Arbeitsbereich Kommunikationswissenschaft, insb. Medienpolitik: https://politkomm.uni-hohenheim.de/klaus_spachmann

Ilmenau

Technische Universität Ilmenau, Fakultät Wirtschaftswissenschaften und Medien, Institut für Medien- und Kommunikationswissenschaft
Forschungsfelder: Journalismusforschung
Institut: https://www.tu-ilmenau.de/universitaet/fakultaeten/fakultaet-wirtschaftswissenschaften-und-medien/profil/institute-und-fachgebiete/institut-fuer-medien-und-kommunikationswissenschaft
Fachgebiet Medienwissenschaft: https://www.tu-ilmenau.de/mw/

Jena

Friedrich-Schiller-Universität Jena, Fakultät für Sozial- und Verhaltenswissenschaften, Institut für Kommunikationswissenschaft
Forschungsfeld: Journalismusforschung
Institut: https://www.ifkw.uni-jena.de/
Arbeitsbereich Kommunikationswissenschaft mit dem Schwerpunkt Empirische Methoden: https://www.ifkw.uni-jena.de/empirische-methoden

Friedrich-Schiller-Universität Jena, Philosophische Fakultät, Historisches Institut
Forschungsfeld: Medien-/Kommunikationsgeschichte
Institut: https://www.gw.uni-jena.de/histinst

Kassel

Universität Kassel, Fachbereich Gesellschaftswissenschaften, Fachgruppe Geschichte
Forschungsfeld: Medien-/Kommunikationsgeschichte
Fachgruppe: https://www.uni-kassel.de/fb05/fachgruppen-und-institute/geschichte/startseite
Arbeitsbereich Geschichte Westeuropas 18.–20. Jahrhundert: https://www.uni-kassel.de/fb05/fachgruppen-und-institute/geschichte/fachgebiete/geschichte-westeuropas/startseite

Köln

Deutsche Sporthochschule Köln, Institut für Kommunikations- und Medienforschung
Forschungsfeld: Journalismusforschung
Institut: https://www.dshs-koeln.de/ikm/
Arbeitsbereich Sportjournalismus und Öffentlichkeitsarbeit: https://www.dshs-koeln.de/visitenkarte/person/jun-prof-dr-daniel-noelleke/

Universität zu Köln, Philosophische Fakultät, Historisches Institut
Forschungsfeld: Medien-/Kommunikationsgeschichte
Institut: https://histinst.uni-koeln.de/

Konstanz

Universität Konstanz, Geisteswissenschaftliche Sektion, Fachbereich Literatur-, Kunst- und Medienwissenschaften, Fachgruppe Medienwissenschaft
Forschungsfeld: Medien-/Kommunikationsgeschichte
Fachgruppe: https://www.litwiss.uni-konstanz.de/medienwissenschaft/

Universität Konstanz, Geisteswissenschaftliche Sektion, Fachbereich Geschichte, Soziologie, Sportwissenschaften und empirische Bildungsforschung, Fach Geschichte
Forschungsfeld: Medien-/Kommunikationsgeschichte
Fach: https://www.geschichte.uni-konstanz.de/

Landau

Rheinland-Pfälzisch Technische Universität Kaiserslautern-Landau, Fachbereich Kultur- und Sozialwissenschaften, Institut für Sozialwissenschaften, Abteilung Politikwissenschaft, Institut für Kommunikationspsychologie und Medienpädagogik
Forschungsfelder: Journalismusforschung; *Zeitungsforschung*
Institute: https://ksw.uni-landau.de/institut-fuer-sozialwissenschaften; https://psychologie.uni-landau.de/ikm
Abteilung Politikwissenschaft: https://ksw.uni-landau.de/politikwissenschaft
Arbeitsbereich Politische Kommunikation: https://ksw.uni-landau.de/politikwissenschaft/abteilung/politische-kommunikation
Arbeitsbereich Kommunikationspsychologie: https://psychologie.uni-landau.de/ikm/kommunikationspsychologie
Projekt: Zeitung Lesen macht Azubis fit (ZeiLe). Langzeitleseprojekt zur Förderung der individuellen Medien- und Informationskompetenz von Auszubildenden (seit 2009); Projektförderung: Ministerium für Bildung, Wissenschaft, Weiterbildung und Kultur des Landes Rheinland-Pfalz (Rheinland-Pfalz) und Verband der Zeitungsverleger in Rheinland-Pfalz und Saarland e. V.: https://www.uni-koblenz-landau.de/de/landau/fb6/sowi/pw/zeile

Leipzig

Universität Leipzig, Fakultät für Sozialwissenschaften und Philosophie, Institut für Kommunikations- und Medienwissenschaft

Forschungsfelder: Journalismusforschung; Medien-/Kommunikationsgeschichte

Institut: https://www.sozphil.uni-leipzig.de/institut-fuer-kommunikations-und-medienwissenschaft

Projekt: Die Geschichte des Deutschen Zeitungswissenschaftlichen Verbandes (2007–2013); Projektförderung: DFG; https://gepris.dfg.de/gepris/projekt/62911911

Arbeitsbereich Allgemeine und Spezielle Journalistik mit Schwerpunkt internationale Mediensysteme: https://www.sozphil.uni-leipzig.de/institut-fuer-kommunikations-und-medienwissenschaft/professuren/professur-fuer-allgemeine-und-spezielle-journalistik

Projekt: Qualitätssicherung im Printjournalismus (2005–2006); Projektförderung: Medienstiftung der Sparkasse Leipzig, im Auftrag von Medienverlagen.

Arbeitsbereich Journalismusforschung: https://www.sozphil.uni-leipzig.de/institut-fuer-kommunikations-und-medienwissenschaft/professuren/professur-fuer-journalismusforschung

Projekt: Crossmediale Newsroomstrukturen bei deutschen Tageszeitungen; https://fob.uni-leipzig.de/public/details/forschungsprojekt/3652

Projekt: Journalismus unter den Bedingungen des digitalen und gesellschaftlichen Wandels; https://fob.uni-leipzig.de/public/details/forschungsprojekt/4101

Arbeitsbereich Kommunikations- und Medienwandel: https://www.sozphil.uni-leipzig.de/institut-fuer-kommunikations-und-medienwissenschaft/professuren/juniorprofessur-fuer-kommunikationsgeschichte

Lüneburg

Leuphana Universität Lüneburg, Fakultät Kulturwissenschaften, Institut für Kultur und Ästhetik digitaler Medien

Forschungsfeld: Medien-/Kommunikationsgeschichte

Institut: https://www.leuphana.de/institute/icam

Mainz

Johannes Gutenberg-Universität Mainz, Fachbereich Philosophie und Philologie, Institut für Film-, Theater-, Medien- und Kulturwissenschaften

Forschungsfeld: Medien-/Kommunikationsgeschichte
Institut: https://www.ftmk.uni-mainz.de/
Arbeitsbereich Medienkulturwissenschaft: https://medienkultur.ftmk.uni-mainz.de/

Johannes Gutenberg-Universität Mainz, Fachbereich Sozialwissenschaften, Medien und Sport, Institut für Publizistik, Journalistisches Seminar

Forschungsfeld: Journalismusforschung
Institut: https://www.ifp.uni-mainz.de/
Journalistisches Seminar: https://journalismus.uni-mainz.de/de/
Arbeitsbereich Journalismus I – Grundlagen und Strategien des Journalismus: https://journalismus.uni-mainz.de/de/person/tanjev-schultz/
Arbeitsbereich Journalismus II – Audiovisuelles Publizieren: https://journalismus.uni-mainz.de/de/person/katja-schupp/
Arbeitsbereich Innovation und Genderforschung im Journalismus: https://journalismus.uni-mainz.de/de/person/jessica-kunert/

Magdeburg

Hochschule Magdeburg-Stendal, Fachbereich Soziale Arbeit, Gesundheit und Medien, Institut für Journalismus

Forschungsfeld: Journalismusforschung
Institut: https://www.h2.de/hochschule/fachbereiche/soziale-arbeit-gesundheit-und-medien/forschung-und-projekte/institut-fuer-journalismus.html
Arbeitsbereich Redaktionsmanagement: k.A.
Arbeitsbereich Medien und Gesellschaft: https://www.h2.de/hochschule/fachbereiche/soziale-arbeit-gesundheit-und-medien/mitarbeiter/prof-dr-elke-grittmann.html

Mannheim

Universität Mannheim, Philosophische Fakultät, Historisches Institut
Forschungsfelder: Medien-/Kommunikationsgeschichte; *Zeitungsforschung*
Institut: https://www.phil.uni-mannheim.de/geschichte/
Arbeitsbereich Neuere und Neueste Geschichte: https://www.phil.uni-mannheim.de/neuere-und-neueste-geschichte/
Projekt: Zeitungsbilder. Eine Fallstudie zu Visualisierungsmöglichkeiten und -strategien der deutschen Presse in der Weimarer Republik (2010–2013); Projektförderung: DFG; https://gepris.dfg.de/gepris/projekt/144940007

Mittweida

Hochschule Mittweida, Fakultät Medien
Forschungsfeld: Journalismusforschung; *Zeitungsforschung*
Fakultät: https://www.me.hs-mittweida.de
Arbeitsbereich Publizistik in der digitalen Informationswirtschaft: https://www.me.hs-mittweida.de/professorinnen-professoren/prof-dr-brinkmann-janis/#c65656

München

Ludwig-Maximilians-Universität München, Fakultät für Geschichts- und Kunstwissenschaften, Historisches Seminar
Forschungsfeld: Medien-/Kommunikationsgeschichte
Institut: https://www.geschichte.uni-muenchen.de
Arbeitsbereich Didaktik der Geschichte und Public History: https://www.did.geschichte.uni-muenchen.de/ueber_uns/index.html
Arbeitsbereich Neueste Geschichte, Zeitgeschichte: https://www.ngzg.geschichte.uni-muenchen.de/personen/ls_szoelloesi/szoelloesi/index.html
Verbundprojekt: Das mediale Erbe der DDR. Akteure, Aneignung, Tradierung; Projektförderung: Bundesministerium für Bildung und Forschung (BMBF) (2018–2022); https://medienerbe-ddr.de/

Ludwig-Maximilians-Universität München, Fakultät für Sprach- und Literaturwissenschaften, Institut für Deutsche Philologie

Forschungsfeld: Medien-/Kommunikationsgeschichte

Institut: https://www.germanistik.uni-muenchen.de

Arbeitsbereich Neuere deutsche Literaturwissenschaft: https://www.germanistik.uni-muenchen.de/personal/ndl/apl_prof/frank_gustav/index.html

Ludwig-Maximilians-Universität München, Sozialwissenschaftliche Fakultät, Institut für Kommunikationswissenschaft und Medienforschung

Forschungsfelder: Journalismusforschung; Medien-/Kommunikationsgeschichte; *Zeitungsforschung*

Institut: https://www.ifkw.uni-muenchen.de

Arbeitsbereich Kommunikationswissenschaft mit dem Schwerpunkt Journalismusforschung: https://www.ifkw.uni-muenchen.de/lehrbereiche/hanitzsch/hanitzsch_profil/index.html

Arbeitsbereich Allgemeine und Systematische Kommunikationswissenschaft: https://www.ifkw.uni-muenchen.de/lehrbereiche/meyen/index.html

Projekt: „Sattsam bekannte Uniformität"? Die Zentralorgane von SED, FDJ, CDU und LDPD zwischen Lenkungsabsicht, Kontrollpraxis und Leserbedürfnissen (2008–2011); Projektförderung: DFG; https://gepris.dfg.de/gepris/projekt/80095017

Verbundprojekt: Das mediale Erbe der DDR. Akteure, Aneignung, Tradierung; Projektförderung: Bundesministerium für Bildung und Forschung (BMBF) (2018–2022); https://medienerbe-ddr.de/

Arbeitsbereich Kommunikationswissenschaft mit dem Schwerpunkt politische Kommunikation: https://www.ifkw.uni-muenchen.de/lehrbereiche/reinemann/index.html

Universität der Bundeswehr, Fakultät für Betriebswirtschaft, Institut für Journalistik

Forschungsfeld: Journalismusforschung

Institut: https://www.unibw.de/bw/institute/institut-fuer-journalistik

Arbeitsbereich Innovationen im Journalismus: https://www.unibw.de/bw/team/professuren/prof-in-dr-phil-sonja-kretzschmar

Arbeitsbereich Digitaler Journalismus: k.A.

Arbeitsbereich Redaktionspraxis: https://www.unibw.de/bw/team/professuren/prof-dr-phil-irene-preisinger

Münster

Westfälische Wilhelms-Universität Münster, Fachbereich Erziehungswissenschaft und Sozialwissenschaften, Institut für Kommunikationswissenschaft

Forschungsfeld: Journalismusforschung
Institut: https://www.uni-muenster.de/Kowi/
Arbeitsbereich Journalismusforschung I: https://www.uni-muenster.de/Kowi/institut/arbeitsbereiche/journalismusforschung.html
Arbeitsbereich Journalismusforschung II: https://www.uni-muenster.de/Kowi/institut/arbeitsbereiche/journalismusforschung-ii.html
Arbeitsbereich Online-Kommunikation: https://www.uni-muenster.de/Kowi/institut/arbeitsbereiche/online-kommunikation.html
Arbeitsbereich Strategische Kommunikation II: https://www.uni-muenster.de/Kowi/institut/arbeitsbereiche/arbeitsbereich-strategische-kommunikation-ii.html

Nürnberg

Technische Hochschule Nürnberg Georg Simon Ohm, Fakultät Angewandte Mathematik, Physik und Allgemeinwissenschaften

Forschungsfeld: Journalismusforschung
Fakultät: https://www.th-nuernberg.de/fakultaeten/amp/
Fachbereich Technikjournalismus: https://www.th-nuernberg.de/fakultaeten/amp/studium/bachelorstudiengang-technikjournalismustechnik-pr/aktuelles/

Oldenburg

Carl von Ossietzky Universität Oldenburg, Fakultät Sprach- und Kulturwissenschaften, Institut für Kunst und visuelle Kultur

Forschungsfeld: Medien-/Kommunikationsgeschichte
Institut: https://uol.de/kunst
Arbeitsbereich Theorie und Geschichte gegenwärtiger Medien: https://uol.de/kunst/theorie-und-geschichte-gegenwaertiger-medien

Offenburg

Hochschule für Technik, Wirtschaft und Medien Offenburg, Fakultät Medien

Forschungsfeld: *Zeitungsforschung*

Fakultät: https://medien.hs-offenburg.de/fakultaet-medien

Arbeitsbereich Medienmanagement: https://medien.hs-offenburg.de/ansprechpartnerinnen/personen-details-lsf-cache/lsf/detail/180?cHash=08305ce0ff7243d31b716f20a2be84ad

Paderborn

Universität Paderborn, Fakultät für Kulturwissenschaften, Institut für Germanistik und Vergleichende Literaturwissenschaft

Forschungsfelder: Medien-/Kommunikationsgeschichte; *Zeitungsforschung*

Institut: https://kw.uni-paderborn.de/institut-fuer-germanistik-und-vergleichende-literaturwissenschaft

Arbeitsbereich Germanistische und Allgemeine Sprachwissenschaft: https://kw.uni-paderborn.de/institut-fuer-germanistik-und-vergleichende-literaturwissenschaft/germanistische-und-allgemeine-sprachwissenschaft

Universität Paderborn, Fakultät für Kulturwissenschaften, Institut für Medienwissenschaften

Forschungsfeld: Medien-/Kommunikationsgeschichte

Institut: https://kw.uni-paderborn.de/institut-fuer-medienwissenschaften

Passau

Universität Passau, Philosophische Fakultät, Zentrum für Medien und Kommunikation

Forschungsfeld: Journalismusforschung

Institut: https://www.phil.uni-passau.de/forschung/institute-und-zentren/zentrum-fuer-medien-und-kommunikation

Arbeitsbereich Journalistik: https://www.phil.uni-passau.de/journalistik

Potsdam

Leibniz-Zentrum für Zeithistorische Forschung Potsdam
Forschungsfeld: Medien-/Kommunikationsgeschichte
Institut: https://zzf-potsdam.de/de
Arbeitsbereich Direktion: https://zzf-potsdam.de/de/forschung/direktion
Arbeitsbereich Medien- und Informationsgesellschaft: https://zzf-potsdam.de/de/forschung/abteilung3
Verbundprojekt: Das mediale Erbe der DDR. Akteure, Aneignung, Tradierung; Projektförderung: Bundesministerium für Bildung und Forschung (BMBF) (2018–2022); https://medienerbe-ddr.de/

Universität Potsdam, Philosophische Fakultät, Historisches Institut
Forschungsfeld: Medien-/Kommunikationsgeschichte
Institut: https://www.uni-potsdam.de/de/hi
Arbeitsbereich Europäische Geschichte des 20. Jahrhunderts: https://www.uni-potsdam.de/de/hi-europaeische-geschichte/index
Arbeitsbereich Geschichte des 19./20. Jahrhunderts: https://www.uni-potsdam.de/de/hi-neuere-geschichte/index

Universität Potsdam, Philosophische Fakultät, Institut für Künste und Medien
Forschungsfeld: Medien-/Kommunikationsgeschichte
Institut: https://www.uni-potsdam.de/de/ikm/
Arbeitsbereich Medienkulturgeschichte: https://www.uni-potsdam.de/de/medienkulturgeschichte/index

Regensburg

Universität Regensburg, Fakultät für Sprach-, Literatur- und Kulturwissenschaften, Institut für Information und Medien, Sprache und Kultur
Forschungsfeld: Medien-/Kommunikationsgeschichte
Institut: https://www.uni-regensburg.de/sprache-literatur-kultur/information-medien-sprache-kultur/institut/index.html

Saarbrücken

Universität des Saarlandes, Philosophische Fakultät, Historisches Institut
Forschungsfeld: Medien-/Kommunikationsgeschichte
Institut: https://www.uni-saarland.de/fachrichtung/geschichte.html
Arbeitsbereich Kultur- und Mediengeschichte: https://www.uni-saarland.de/lehrstuhl/barth.html

Salzgitter

Ostfalia Hochschule für angewandte Wissenschaften, Institut für Medienmanagement
Forschungsfeld: *Zeitungsforschung*
Institut: https://www.ostfalia.de/cms/de/imm/
Arbeitsbereich Medienwirtschaft mit betriebswirtschaftlichem Schwerpunkt: https://www.ostfalia.de/cms/de/imm/mitarbeiter/axel-lippold/
Projekt: Entwicklung eines Reputationsmanagements unter Berücksichtigung der Einführung von Online Paid Content für lokale und regionale Zeitungsverlage (seit 2016)

Ostfalia Hochschule für angewandte Wissenschaften, Institut für Öffentliche Kommunikation
Forschungsfeld: Journalismusforschung; *Zeitungsforschung*
Institut: https://www.ostfalia.de/cms/de/ioek/

Sankt Augustin

Hochschule Bonn-Rhein-Sieg, Fachbereich Elektrotechnik, Maschinenbau & Technikjournalismus, Institut für Medienentwicklung und -analyse
Forschungsfeld: Journalismusforschung
Institut: https://www.h-brs.de/de/imea/imea-team

Siegen

Universität Siegen, Philosophische Fakultät, Historisches Seminar
Forschungsfeld: Medien-/Kommunikationsgeschichte
Institut: https://www.uni-siegen.de/phil/geschichte/?lang=de

Universität Siegen, Philosophische Fakultät, Medienwissenschaftliches Seminar
Forschungsfeld: Medien-/Kommunikationsgeschichte
Institut: https://www.uni-siegen.de/phil/medienwissenschaft/

Stuttgart

Hochschule der Medien, Institut für empirische Methoden- und Kommunikationsforschung
Forschungsfelder: Journalismusforschung; *Zeitungsforschung*
Institut: https://www.hdm-stuttgart.de/hochschule/forschung/forschungsthemen/iemuk
Arbeitsbereich: https://www.hdm-stuttgart.de/hochschule/forschung/forschungsthemen/iemuk/team
Projekt: Die Zukunft der lokalen Zeitung (2021); https://www.hdm-stuttgart.de/view_news?ident=news20210528120117
Projekt: Kundenzufriedenheitsstudie bei einem regionalen Tageszeitungsverlag (2018)

Hochschule der Medien, Fakultät Information und Kommunikation
Forschungsfelder: Journalismusforschung; *Zeitungsforschung*
Fakultät: https://www.hdm-stuttgart.de/hochschule/organisation/fakultaeten_institute/fak_3
Arbeitsbereich Wirtschaftsinformatik und digitale Medien: https://www.hdm-stuttgart.de/wib
Projekt: Vom Zeitungsverlag zur News Industry (2011); Projektförderung: Stiftung Presse-Haus NRZ
Projekt: Zukunft der Verlagsbranche – Trendbeobachtung und abgeleitete Handlungsfelder zur Stärkung der Innovationskraft von Verlagen in der Wirtschaftsregion Stuttgart (2019); gefördert durch und in Kooperation mit der Wirtschaftsförderung der Region Stuttgart
Arbeitsbereich Online-Medien-Management: https://www.omm.hdm-stuttgart.de

Trier

Universität Trier, Fachbereich Sprach-, Literatur und Medienwissenschaften, Medienwissenschaft

Forschungsfelder: Journalismusforschung; *Zeitungsforschung*

Fachbereich: https://www.uni-trier.de/universitaet/fachbereiche-faecher/fachbereich-ii/faecher/medienwissenschaft/startseite

Projekt: Lokaljournalismus in Deutschland. Anforderungen, Leistungen und Bestimmungsfaktoren bei lokalen Print- und Onlineangeboten (2014–2018); Projektförderung: DFG; https://gepris.dfg.de/gepris/projekt/248477685

Arbeitsbereich Honorarprofessur für Medienwissenschaft: https://www.uni-trier.de/universitaet/fachbereiche-faecher/fachbereich-ii/faecher/medienwissenschaft/professuren/honorarprofessuren

Arbeitsbereich Medien- und Kommunikationswissenschaft mit dem Schwerpunkt Öffentliche Medienkommunikation (Journalismus, Public Relations): https://www.uni-trier.de/universitaet/fachbereiche-faecher/fachbereich-ii/faecher/medienwissenschaft/professuren/professur-nuernbergk/professur-fuer-medien-und-kommunikationswissenschaft

Tübingen

Eberhard Karls Universität Tübingen, Philosophische Fakultät, Institut für Medienwissenschaft

Forschungsfelder: Journalismusforschung; Medien-/Kommunikationsgeschichte

Institut: https://uni-tuebingen.de/fakultaeten/philosophische-fakultaet/fachbereiche/philosophie-rhetorik-medien/institut-fuer-medienwissenschaft/institut/

Projekt: Die Treuhandanstalt und die Privatisierung der DDR-Presse (seit 2022); Projektförderung: DFG; https://gepris.dfg.de/gepris/projekt/502216302

Arbeitsbereich Print- und Onlinemedien: https://uni-tuebingen.de/fakultaeten/philosophische-fakultaet/fachbereiche/philosophie-rhetorik-medien/institut-fuer-medienwissenschaft/institut/personen/poerksen-bernhard-prof-dr/

Vechta

Universität Vechta, Fakultät für Geistes- und Kulturwissenschaften, Fach Geschichtswissenschaft
Forschungsfeld: Medien-/Kommunikationsgeschichte
Fach: https://www.uni-vechta.de/geschichtswissenschaft
Arbeitsbereich Europäische Geschichte vom 17. bis zum 19. Jahrhundert: https://www.uni-vechta.de/geschichtswissenschaft/team/vogel-christine

Weimar

Bauhaus-Universität Weimar, Fakultät Medien, Fachbereich Medienmanagement
Forschungsfeld: Journalismusforschung
Fachbereich: https://www.uni-weimar.de/de/medien/struktur/fachbereich-medienmanagement/
Arbeitsbereich Organisation und vernetzte Medien: https://www uni-weimar.de/de/medien/professuren/medienmanagement/organisation-und-vernetzte-medien/

Bauhaus-Universität Weimar, Fakultät Medien, Fachbereich Medienwissenschaft
Forschungsfeld: Medien-/Kommunikationsgeschichte
Fachbereich: https://www.uni-weimar.de/de/medien/struktur/fachbereich-medienwissenschaft/
Arbeitsbereich Kulturwissenschaftliche Medienforschung: https://www.uni-weimar.de/de/universitaet/forschung-und-kunst/forschung-profil-projekte/kulturwissenschaftliche-medienforschung/
Arbeitsbereich Digitale Kulturen: https://www.uni-weimar.de/en/media/chairs/media-studies/digital-cultures/
Arbeitsbereich Medientheorie und Wissenschaftsgeschichte: https://www.uni-weimar.de/de/medien/professuren/medienwissenschaft/medientheorie-und-wissenschaftsgeschichte/

Würzburg

Julius-Maximilians-Universität Würzburg, Fakultät für Humanwissenschaften, Institut Mensch-Computer-Medien

Forschungsfelder: Journalismusforschung; *Zeitungsforschung*

Institut: https://www.mcm.uni-wuerzburg.de/institut/

Arbeitsbereich Wirtschaftsjournalismus und Wirtschaftskommunikation: https://www.wiwi.uni-wuerzburg.de/lehrstuhl/professur-fuer-wirtschaftsjournalismus-und-wirtschaftskommunikation/team/professor-dr-kim-otto/

Julius-Maximilians-Universität Würzburg, Philosophische Fakultät, Institut für Geschichte

Forschungsfelder: Medien-/Kommunikationsgeschichte; *Zeitungsforschung*

Institut: https://www.geschichte.uni-wuerzburg.de/startseite/

Arbeitsbereich Neuere und Neueste Geschichte: https://www.geschichte.uni-wuerzburg.de/institut/neueste-geschichte/

Projekt: Geschichte eines Leitmediums für Wirtschaft und Politik. Die Frankfurter Allgemeine Zeitung 1949–1990 (2015–2021); Projektförderung: DFG; https://www.geschichte.uni-wuerzburg.de/en/institut/neueste-geschichte/dfg-projekt/; https://gepris.dfg.de/gepris/projekt/281806177

Projekt: Ein Leitmedium für Politik und Kultur. Die Frankfurter Allgemeine Zeitung von ihrer Gründung 1949 bis heute (2016–2021); Projektförderung: DFG; https://www.geschichte.uni-wuerzburg.de/en/institut/neueste-geschichte/dfg-projekt/; https://gepris.dfg.de/gepris/projekt/325301433